Le Voyage

de toute une vie

Dans la même collection

L'Appel, Priya Kumar, juin 2018
Tout le monde ne raffole pas des brocolis, Camille Choplin, octobre 2018
Le temps passé avec un chat n'est jamais perdu, Véronique Aïache, octobre 2019
Mémoires d'un arbre, Guido Mina di Sospiro, octobre 2019

Collection New Life dirigée par Valérie de Sahb

Traduction : Hélène Zuili
Graphisme de couverture : Marion Rosière
Mise en pages : Thierry Laurent
Visuel de couverture : © Shutterstock/Artdesign Illustration
Relecture : Alice Yonnet-Droux

L'éditeur remercie chaleureusement Laura Zuili

34-36, rue La Pérouse, 75116 Paris
www.hugoetcie.fr

ISBN : 9782755643206
Dépôt légal : septembre 2019
Imprimé en Espagne par Blackprint

Priya Kumar

Le Voyage

de toute une vie

Roman
(traduit par Hélène Zuili)

Hugo New Life

SOMMAIRE

UNE PRIÈRE

L'aéroport international de Dubaï est le paradis des acheteurs. Érigé en plein milieu du désert, son produit le plus vendu est le sable. Chaque seconde, on tombe sur une boutique proposant une gamme de souvenirs, d'œuvres en sable. La première chose à faire ici est de « dépenser de l'argent. » Étendu sur 3 500 hectares, abritant de multiples magasins et boutiques, l'aéroport entier semble conspirer pour vider vos poches avant que vous ne rentriez chez vous. Du sable aux voitures en passant par les diamants et l'immobilier, il y a toujours quelque chose de tentant pour chacun.

Il ne semblait pas être 3 h 50 du matin. L'aéroport était totalement éclairé et bruissait de vie. Les transactions se déroulaient sans cesse dans les boutiques *Duty Free*. Des avions atterrissaient et d'autres décollaient. Les gens entraient et sortaient du pays au rythme de trois cents personnes par minute.

« Excusez-moi », Sarah venait presque de renverser le café du plateau de l'homme avec son coude. Vite, il rattrapa son mug avant qu'il ne bascule et la regarda, l'air méchant, maugréant.

« Je suis désolée », dit-elle avec un bref mouvement de tête avant de s'éloigner en direction de la zone B, que le panneau indiquait à une distance de marche de sept minutes.

« Merde et merde », jura-t-elle en s'arrêtant pour ôter ses chaussures noires à talons aiguilles. Elle les tint à la main et se mit à courir vers la porte 62.

« C'est le dernier et ultime appel pour madame Sarah Jones, pour le vol SL502 à destination de New York. Vous êtes invitée à vous rendre à la porte 62, où que vous vous trouviez. Veuillez noter que c'est le dernier et ultime appel », annonça un homme avec un fort accent du Moyen-Orient, sa voix résonnant à travers le terminal. Tous ceux qui croisèrent son chemin devinèrent qu'elle était Sarah Jones et qu'elle se dirigeait vers la porte 62.

Sarah était arrivée trois heures plus tôt à l'aéroport, et elle réalisait qu'elle allait rater son vol. Elle avait passé son temps à faire des courses sans se rendre compte que l'heure tournait, jusqu'à ce qu'elle entende appeler son nom. La raison principale pour laquelle elle s'était rendue à l'aéroport avait été de prendre l'avion, mais la tentation de posséder des « choses » était devenue plus forte. Parfois, nous « sortons de nos agendas », ce que Sarah avait souvent fait dans sa vie. Nous sommes là pour une raison, mais nous nous retrouvons à poursuivre un autre but et finissons par obtenir quelque chose de complètement différent, dans une histoire que nous n'avions jamais eu l'intention de commencer.

Certaines personnes ratent leur vol parce qu'elles sont en retard, d'autres le manquent même si elles arrivent tôt. Quand le mental est encombré et mouline dans la confusion, le temps, les opportunités et la chance deviennent secondaires. Un esprit clair *crée* des moments, il *crée* les opportunités et attire la chance comme un aimant.

« J'arrive. Bon sang ! », murmura Sarah à voix haute.

La porte 54 était visible à présent, et il n'y avait plus d'annonce. Le visage de Sarah devint pâle avec toute cette course. La capuche noire de son sweat-shirt volait derrière elle, faisant rebondir d'une façon irréelle ses cheveux blonds bouclés. Elle se trouvait maintenant à moins d'une minute de sa porte d'embarquement. Son téléphone sonna dans la poche arrière de son jean. Elle le sortit sans ralentir le pas. Le nom de Mike apparut sur l'écran lorsqu'elle regarda son téléphone, sans quitter des yeux sa destination.

« Pas maintenant » murmura-t-elle. Elle ne pouvait pas prendre l'appel maintenant. Sarah n'avait pas dit à Mike qu'elle avait avancé son vol pour arriver un jour plus tôt. Son plan était de le « surprendre » pour savoir avec certitude s'il la trompait. Soit elle le prenait en flagrant délit avec une autre femme, soit elle s'installait avec lui pour l'épouser. Elle avait besoin de savoir pour être sûre. C'était sa façon de décider de son destin.

Sarah et Mike se fréquentaient depuis plus d'un an. Mike était rêveur et sexy. Malgré leurs différences de points de vue, principalement sur l'infidélité, à chaque fois que Mike revenait pour présenter des excuses, Sarah lui pardonnait. Mike avait un côté sincère qui faisait inéluctablement fondre le cœur de Sarah. Elle aurait tellement aimé qu'il soit toujours ainsi. Mais il avait aussi ces yeux irrésistibles et rêveurs, et son sourire d'enfant. *Comment quelqu'un d'aussi beau pouvait-il être capable de malveillance ?* C'était le raisonnement idiot de Sarah. Sarah et Mike se remettaient ensemble jusqu'à ce qu'elle le quitte à nouveau, sur des soupçons ou un début de preuve de tromperie.

Sarah était dans une relation qui détruisait lentement sa santé mentale, son bonheur et sa paix intérieure. Au nom de l'amour, ce qu'elle ressentait au fond de son cœur n'était que douleur et agitation. Elle connaissait les habitudes de Mike et ses faiblesses. Elle connaissait son intérêt pour les autres femmes. Que voulait-elle savoir de plus ? Changerait-il ses habitudes ? Était-elle suffisamment importante aux yeux de Mike pour qu'il initie ce changement ? Cette question était aussi stupide que la réponse qu'elle cherchait. Personne ne change pour personne. Nous changeons conformément à notre pensée, à nos principes et à nos postulats. On peut inspirer le changement chez l'autre, mais on ne peut pas en être la cause.

Pourquoi rester avec une personne quand votre cœur penche vers une autre ? Pourquoi vous engager avec quelqu'un alors que vous voulez être libre de porter votre cœur en bandoulière ? Pourquoi cette dualité entre vouloir être aimé et, ensuite, risquer de tout perdre pour la vacuité de quelques minutes de plaisir ? Cela ressemblait davantage à la définition d'être *perdu* plutôt qu'à celle d'être *amoureux.*

La confusion de Sarah sur ce qu'elle désirait vraiment l'avait placée dans l'œil d'une tempête, car tel est le destin d'une personne qui est la muse d'un amoureux sans scrupule.

Après avoir fait du lèche-vitrine dans la plupart des boutiques de marques de l'aéroport, Sarah s'était arrêtée chez Ralph Lauren pour acheter une chemise à Mike. Dès qu'elle l'avait vue sur le mannequin, elle avait eu le sentiment que cette chemise était faite pour lui. Elle était imprimée de carreaux rose et bleu, Sarah savait qu'il serait superbe en la portant. Et c'est précisément pour cette raison qu'elle changea d'avis à la caisse : « Il serait superbe ! » Mais ce n'était pas comme ça qu'elle voulait qu'il soit perçu par d'autres femmes.

Le panneau lumineux de la porte 62 brillait devant elle. La porte 62 était déserte. Contrairement aux autres portes qu'elle avait dépassées, où elle avait vu de longues files d'attente sinueuses, celle-ci était vide.

« Hé, attendez-moi. S'il vous plaît ! », supplia-t-elle en se jetant presque sur le personnel présent derrière le comptoir de la compagnie aérienne. Un homme de très grande taille se leva et ajusta son *thwab*, une longue robe blanche que portent les hommes du Moyen-Orient. Il tapota son badge et regarda Sarah, qui retenait son souffle. Il lui serait difficile de débarquer une aussi jolie femme.

« Madame Sarah Jones ? » Ali leva ses sourcils épais, l'air inquiet.

« Oui », murmura-t-elle, hors d'haleine. Le gloss à ses lèvres lui donnait un air délicieux. Le mascara sur ses cils lui donnait un vrai regard de « demoiselle en détresse ». Une mèche de cheveux blonds flottait sur sa joue et voletait de long en large dans son souffle. Sarah était extrêmement jolie.

« Désolé, Madame. Le vol est fermé. Nous sommes en train de décharger vos bagages », dit-il nerveusement avec un fort accent arabe, se gardant à grand-peine de fixer son décolleté, visible par l'ouverture du sweat-shirt dont les deux boutons avaient sauté dans sa course.

« Non, vous ne pouvez pas faire ça », haleta-t-elle. « Je dois prendre cet avion. S'il vous plaît. Je vais perdre mon travail. Je vais tout perdre. Je dois prendre ce vol », mentit-elle en attrapant le comptoir de peur de s'évanouir avec tout ce stress. Rentrer à la maison pour surprendre Mike était assez effrayant, et maintenant, rater le vol laisserait son avenir en suspens — était-il le bon, oui ou non ?

L'homme fixa ses seins pendant quelques secondes, totalement insensible à sa requête, puis il reprit son talkie-walkie et dit quelque chose en arabe, sans la quitter des yeux.

Elle est si jolie, et les jolies femmes ne méritent pas d'être malheureuses, pensa-t-il.

Sarah attrapa son bras alors que l'homme continuait à grogner dans son talkie-walkie. Le contact de cette femme blanche renforça l'intensité de sa voix. Il avait du mal à respirer avec cette énergie électrique qui jaillissait de son bras et lui montait au cerveau. Ses yeux bataillaient entre le décolleté, la main sur son bras et l'avion qui se dressait majestueusement derrière les grandes fenêtres, prêt à prendre son envol vers les cieux.

Le talkie-walkie se tut et la tête de Sarah se retourna. Elle attendit avec impatience le verdict alors qu'Ali la fixait avec convoitise. Le talkie-walkie grésilla à nouveau et Ali hurla encore un peu en arabe. Il voulait lui faire prendre ce vol et devenir son héros.

« Mon Dieu. Faites que je prenne ce vol. C'est la seule chose que je demanderai, pour toujours. » Sarah priait fort, serrant le bras d'Ali comme elle l'avait déjà fait. Le talkie-walkie sonna et grésilla en réponse. Elle n'entendit que quelques personnes crier au loin.

« Venez avec moi. » Ali repoussa la main de son bras alors qu'ils se précipitaient tous les deux vers la passerelle, comme en réponse à sa prière.

Avec ses chaussures à la main et ses cheveux dans son sweat à capuche, Sarah courut aussi vite que possible pour suivre Ali.

Un steward se tenait à l'entrée de l'avion, une main sur la porte. Il tendit l'autre main à Sarah pour qu'elle accélère, accentuant le caractère d'urgence. Sarah courut plus vite qu'elle ne l'avait jamais fait. Ali marchait dans ses pas. Elle tendit sa carte d'embarquement au personnel au sol ébahi, qui la saisit, en déchira une partie avant de lui fourrer l'autre dans la main. Sarah entra dans l'avion et se retourna pour faire face à Ali, qui s'était arrêté à l'entrée.

« Merci », haleta-t-elle en croisant les mains sur ses chaussures.

« Vous êtes belle », sourit-il, son accent arabe rendant le compliment exotique.

« Merci, mon Dieu ! » Tremblante, Sarah parcourut l'allée à la recherche de son siège, le 26D.

LE DÉCOLLAGE

« J'aimerais un Glenfiddich sec, s'il vous plaît. » Paul commanda son verre et Glenda, l'hôtesse de l'air, lui adressa un sourire charmeur.

Paul était un milliardaire connu surtout pour son physique et son inclinaison pour les yachts de luxe. On parlait de lui dans de nombreux magazines d'affaires, dont il faisait même, parfois, la couverture. Les femmes se demandaient souvent si son visage de rêve attirait davantage l'attention que son argent. Ses fossettes, ses dents parfaitement alignées, son corps athlétique, sa maturité et sa sensibilité avaient fait de lui l'un des célibataires les plus en vue de New York.

Glenda savait qui était Paul et était ravie de cette opportunité qui s'offrait à elle d'être à son service. Rencontrer des hommes riches, être invitée à leurs fêtes et leur demander des faveurs étaient quelques-unes des raisons pour lesquelles Glenda était entrée dans la compagnie aérienne. Elle avait travaillé dur pour être promue au service de la première classe.

Paul sourit, tournant son regard vers la fenêtre. Il passa sa main dans ses longs cheveux poivre et sel et fit tourbillonner une mèche autour d'un de ses doigts.

« Tout de suite, monsieur Thomas », gloussa joyeusement Glenda qui rejeta ses cheveux sur son épaule en un geste séduisant, se retournant pour descendre l'allée.

La journée avait été longue pour Paul. Son vol de retour marquait la signature d'un contrat de six cents millions de dollars qu'il avait conclu pour sa nouvelle centrale d'énergie à Chicago. Il était puissant, il était beau et il était mystérieux. Paul regarda autour de lui dans la cabine de première classe tout en retirant sa veste Armani, la plaçant sur le crochet pour que Glenda puisse la ranger à sa place. La première classe n'accueillait qu'un seul autre passager — un vieil homme qui occupait un siège à l'autre bout du couloir. Ses yeux étaient fermés et il semblait méditer, assis, éveillé, avec une douce expression de calme sur le visage. Paul regarda fixement comme pour le situer, mais il ne lui était pas familier. Il aurait la section entière presque pour lui seul. Paul sourit à cette pensée.

Le succès prend un sens différent selon les gens. Ceux qui l'ont obtenu pensent qu'avec leur pouvoir ils peuvent acheter le monde, y compris les autres. Ceux qui n'en ont pas pensent pouvoir en gratter un peu chez ceux qui en ont. Il y a ceux qui ne se soucient pas du résultat de ce qu'ils font et qui sont déconnectés de cette notion de succès. Et puis il y a quelques privilégiés, qui ne se soucient pas de ce qu'ils obtiennent, tant qu'ils aiment ce qu'ils font. Le succès avait perdu son charme pour Paul. Il avait réussi. La question qui le hantait était : « Et maintenant ? » Que lui restait-il après avoir tout accompli ? Quel était le but de sa vie et de son travail une fois que tous les objectifs avaient été atteints ? Le succès ne signifiait rien pour Paul. Il en avait eu suffisamment.

Paul téléchargea rapidement ses mails sur son iPad. Il allait mettre quinze longues heures pour rejoindre New York et espérait pouvoir utiliser ce temps pour travailler un peu. Vu la façon dont Glenda ondulait lascivement autour de lui en prenant son manteau, il se demanda s'il aurait une chance de disposer de son espace. Les femmes étaient attirées par Paul comme les papillons de nuit l'étaient par la lumière. Outre sa beauté et son argent, il y avait aussi le fait qu'il était un parfait gentleman. Son statut de célibataire était décelable par son comportement charmeur avec les dames, qui regardaient d'abord sa main pour vérifier l'absence d'une alliance, puis scrutaient son visage avec convoitise.

Paul était l'une de ces personnes dont la vie ressemblait à un film hollywoodien, avec célébrité, puissance et train de vie luxueux. Mais la vie avait pris une tournure inattendue. Plus il était riche, plus il se sentait triste. Plus il acquérait de choses, plus il se sentait vide. Donner de l'argent à une œuvre de charité ne lui procurait pas la satisfaction qu'il cherchait. Se mettre en retrait de sa vie sociale frénétique ne lui apportait pas l'équilibre mental dont il avait besoin. Il avait l'impression qu'il manquait quelque chose dans son équation de vie : quelque chose de grand, de significatif, de plus vaste et bien au-delà du succès qu'il avait construit. Mais il ne savait pas ce qu'il cherchait et ne savait donc pas comment le trouver.

L'un des stewards avait commencé à donner les instructions pour le décollage et les consignes de sécurité. Une vidéo sur les caractéristiques de l'avion et les issues de secours en cas d'urgence était diffusée sur tous les écrans, rassurant ainsi les passagers sur le fait que toutes les éventualités étaient prévues.

« C'est Paul Thomas, le milliardaire », murmura Glenda à sa collègue envieuse. « Et c'est un charmeur. » Elle cligna des yeux en anticipant le plaisir de passer les quinze prochaines heures à servir un homme dont la fortune pourrait racheter la compagnie aérienne pour laquelle elle travaillait. Ou peut-être était-ce son imagination débordante ? Elle voulait se sentir à l'aise en sa puissante compagnie. Elle allait lui prêter attention pendant tout le voyage et espérait qu'il lui rendrait la pareille. S'il n'y avait pas eu l'autre siège occupé en première classe, la zone aurait été isolée, pour son plaisir, du reste de l'avion et du reste du monde.

* * *

« Je pense que vous êtes à ma place », dit poliment Sarah au jeune homme qui la fixait, totalement inconscient d'occuper son siège. Il fallut quelques secondes à Jim pour se rendre compte qu'elle lui parlait, et quelques secondes supplémentaires pour intégrer ce qu'elle avait dit.

Jim devait déplacer sa collection de gadgets, qu'il avait dispersée sur le siège de Sarah pour le voyage. Il déposa d'abord son iPad sur le sol, puis enroula maladroitement les fils de son casque trop volumineux, saisit son iPhone et tous les étuis de ses gadgets, tandis que Sarah attendait patiemment. Face au siège, un écran de télévision proposait une liste de films sélectionnés et le jeune homme avait fait son propre choix pour le vol. Sarah secoua la tête, amusée par son goût prononcé pour la technologie.

Elle s'installa dans son siège, à la grande joie de Jim, un adolescent. Jim avait été heureux que le siège à côté du sien ne soit pas occupé, dans l'espoir de pouvoir s'étirer et avoir un peu plus d'espace. Il était déjà trop grand pour son siège et n'était pas très heureux de se sentir coincé dans un petit espace. Un regard sur Sarah et ses émotions passèrent de la déception au ravissement. Avoir une jeune femme sexy comme voisine pendant toute la durée du vol placerait sa conversation avec les copains, à son retour, à un tout autre niveau.

« Je crois que c'est votre livre », dit Sarah en sortant un livre de la poche du siège devant elle. Elle jeta un coup d'œil à la couverture: *Contes des vies antérieures du Bouddha,* de Kim Vu Dinh, et fut très surprise qu'un jeune homme comme lui s'intéresse à la vie après la mort, ou même aux vies antérieures.

Elle se retourna afin de bien regarder Jim qui tendit la main pour prendre son livre. C'était un adolescent, mais ses yeux avaient une profondeur que Sarah ne put déchiffrer le temps de ce bref coup d'œil.

« Vous croyez aux vies antérieures ? » Sarah sourit.

Jim rit et secoua la tête. Il était assez décontenancé par la question et n'était pas préparé à y répondre. « Bien », dit-il, puis il s'arrêta quelques secondes alors que Sarah s'installait dans son siège. Elle se tourna vers lui en attendant la réponse.

« Bien », murmura-t-il encore. « Je ne crois pas aux vies antérieures. Il serait idiot de dire que je *crois* à cela. *Je sais* que j'ai vécu avant. Je ne le crois pas. *Je le sais,* tout comme vous. » Jim vit le regard vide dans le visage de Sarah qui murmura: « Peut-être. »

« Ça va être un vol intéressant. » Sarah poussa un long soupir et sourit à Jim. « Puis-je voir ce livre ? »

Il hocha la tête en signe d'assentiment.

Jim avait dix-sept ans et il était négligé. Il était grand et maigre. Ses cheveux blonds soigneusement taillés dans le dos et les taches de rousseur de son visage lui donnaient du caractère. Il était particulièrement enthousiasmé par le bronzage qu'il avait réussi à obtenir pendant ses courtes vacances passées à se dorer au soleil de Dubaï. Vêtu d'un tee-shirt à capuche blanc et d'un blue-jean délavé, il ressemblait à un adolescent américain typique.

Jim était une personne autonome, un jeune homme parfaitement heureux dans son propre univers. Il emportait son monde avec lui partout où il allait. Sa mère disait souvent qu'il était trop sage pour son âge. Elle s'inquiétait pour lui quand, occasionnellement, il partait dans ses accès de solitude. Jim était un penseur. Il avait plus de questions en lui que le monde n'avait de réponses à lui offrir. Il regardait profondément la vie. Il sondait les intentions plutôt que les actions, un trait peu commun aux jeunes de son âge. Il était le confident de beaucoup de gens, mais gardait ses peurs et ses aspirations pour lui-même.

Bien qu'il reflétât naturellement une expression solennelle, le visage de Jim était illuminé par l'enthousiasme, émotion qu'il n'avait pas ressentie depuis longtemps. Il n'arrêtait pas de heurter le passager devant lui, qui jurait chaque fois que le genou de Jim cognait son siège. Jim était venu en vacances à Dubaï avec ses parents, mais il avait dû écourter son voyage car ses entraînements de football commençaient une semaine plus tôt que prévu. Il était passionné de foot. Rentrer plus tôt présentait également un intérêt supplémentaire : avoir toute la maison pour lui tout seul, une semaine entière. Dans son monde, cela signifiait « liberté. » La solitude était le luxe préféré de Jim. Il appréciait sa propre compagnie. Ses livres, ses gadgets et son esprit toujours vif le maintenaient actif, curieux et heureux.

Le téléphone de Sarah bipa alors qu'elle s'installait dans son siège et mettait sa ceinture de sécurité.

« Est-ce que ça va, bébé ? Je t'aime. » Mike lui avait envoyé un texto. *C'est tellement pas Mike. Il me trompe à coup sûr.* Sarah se torturait à cette idée. Sinon, pourquoi lui aurait-il envoyé un tel message ? Sarah ne se souvenait plus de la dernière fois où Mike lui avait envoyé un message amoureux, de sa propre initiative. Il envoyait quelques mots quand elle-même lui en avait envoyés avant. Pourquoi cette soudaine démonstration d'affection ? Sarah ne pouvait pas être en paix, avec ce message. Elle était troublée et remettait tout en question, même un acte d'amour.

Le chaos mental déforme la perception des choses : on voit à travers le filtre de cette agitation, on interprète au travers de ce désordre psychologique ; par conséquent, tout ce que l'on crée dans cet état de négativité ajoute à la confusion. Nos états d'âme semblent clairs sur le moment. L'état du monde intérieur de chacun devient alors une preuve de notre état d'esprit.

Sarah aurait voulu appeler Mike, mais elle ne voulait pas qu'il sache qu'elle était en vol. Les hommes font montre de davantage d'amour quand ils sont coupables. Sarah le savait. Elle était écrivaine et était aussi une amoureuse qui avait été souvent blessée, mais n'avait pas bien appris la leçon. Elle l'appellerait dès l'atterrissage et lui dirait qu'elle allait décoller. S'il la trompait réellement, Mike voudrait passer sa dernière nuit dehors avant que son engagement envers Sarah ne commence son énième round.

Elle rangea son téléphone et regarda Jim, qui fixait l'écran de télévision vierge sans cligner des yeux. Jim avait attiré l'attention de Sarah. Personne ne lui avait parlé de vies antérieures auparavant. Elle n'était pas sûre d'avoir vécu d'autres vies et ne savait pas si elle aurait une autre chance. Comment Jim avait-il eu cette idée ou était-il au courant de ses vies antérieures, comme il l'avait dit ? Et elle, avait-elle vécu avant ? Revivrait-elle ? Elle voulait en discuter avec lui.

Mes parents sont partis pour une semaine. J'ai la maison pour moi tout seul. Je suis un champion de football. J'ai une jolie femme à côté de moi et c'est un long voyage. Jim était occupé à décrypter la connexion de tous ces événements. Il ne s'était pas senti aussi chanceux depuis longtemps.

Ce n'était pas la beauté physique de Sarah qui l'avait impressionné, même si elle était ravissante. En tant que star du football, il avait l'habitude d'attirer l'attention des filles, mais contrairement aux autres stars du football, il ne répondait pas à leurs avances. Mais il y avait autre chose à propos de Sarah ; c'étaient sa présence, sa personne, qui l'avaient touché. L'énergie de Sarah semblait avoir de la profondeur, du sens, et une douleur avec laquelle il pouvait se connecter et communiquer.

L'avion quittait le parking, à présent. L'homme dans l'allée adjacente à celle de Sarah laissa échapper un soupir très sonore. Il était indien ; sa peau sombre et les trois lignes de cendres tracées sur son front suggéraient qu'il venait du sud de l'Inde. Il portait une *kurta* en soie brodée de couleur blanc cassé, qui contrastait vraiment avec son jean bleu foncé. Ses cheveux étaient séparés par une raie sur le côté et restaient immobiles, comme fixés à la brillantine. Ses yeux étaient gonflés par le manque de sommeil et ses lèvres frémissaient en récitant à voix basse un *mantra*. Il joignit ses mains sur sa poitrine, ferma les yeux puis marmonna une prière alors que l'avion se dirigeait vers la piste.

Sarah était intriguée par les Indiens. Ils étaient mystiques, ils étaient sages et ils avaient de la culture, quelque chose qui lui manquait dans son propre pays. Elle décida de discuter avec lui, plus tard. Peut-être même pourrait-il lui raconter une histoire intéressante pour son prochain article.

Elle se pencha pour regarder par le hublot. Jim s'était enfoncé plus profondément dans son siège pour lui permettre d'avoir une meilleure vue. C'était bien, ça. Elle avait fait un grand pas en avant pour découvrir une vérité à laquelle elle refusait de se confronter. Elle cramponna les accoudoirs avec une étrange nervosité. Elle comptait sur une intervention divine qui lui donnerait la force d'affronter la vérité pour pouvoir planifier le cours de sa vie, avec ou sans Mike.

C'est drôle de voir comme les gens cherchent des signes à l'extérieur d'eux-mêmes alors que leur cœur leur indique en permanence le chemin. Il n'y a pas de panneaux de signalisation dans la vie : notre voix intérieure et l'intime connaissance de nous-même suffisent à nous guider dans la direction de notre plus haute évolution.

* * *

« Comment va le commandant Robert, aujourd'hui ? » Glenda donna un coup de coude à Cathy, sa confidente et complice sur les vols long-courriers.

« Qu'est-ce qu'il t'arrive, aujourd'hui ? » Cathy tentait d'éviter une conversation dénuée de sens — sur les hommes —, ce dont Glenda raffolait.

« Il semble un peu coincé », poursuivit Glenda malgré le désintérêt de Cathy pour ses capacités intuitives.

« J'ai le sentiment qu'il va bientôt se mettre au vert. Il semble avoir la tête un peu ailleurs. Rappelle-moi la prochaine fois de ne pas accepter un vol avec lui. » Glenda secoua la tête.

« Il a ce regard étrange. On dirait aussi qu'il a maigri, mais anormalement. » Glenda continua son bavardage et Cathy se contenta de faire semblant d'écouter.

Les lumières de la cabine s'étant éteintes, les passagers s'étaient installés pour se préparer à un vol de quinze heures. Certains avaient déjà reculé leur siège, une fois l'équipage en position pour le décollage. D'autres étaient inconfortablement blottis, dérivant dans un état de somnolence sans défense. Quelques courageux lisaient le journal à cette heure tardive, et d'autres encore avaient trouvé un film qui les tiendrait éveillés jusqu'au petit-déjeuner. Enfin il y avait quelques rares éveillés, vigilants et sensibles à tout détail semblant sortir de l'ordinaire, tout détail qui les pousserait à dire que quelque chose n'allait pas... mais pas du tout, du tout.

Le commandant de bord fit ses annonces de décollage alors que l'avion roulait à son tour sur la piste. Un grand transporteur FedEx prit également position, laissant trois minutes au SL502 pour décoller du sol et pénétrer dans l'aube d'un nouveau jour.

* * *

Sarah se tourna inconfortablement dans son siège. Elle n'était pas censée être sur ce vol. C'était un vol qu'elle n'oublierait pas. Elle n'était jamais allée espionner un homme auparavant. Mais c'était important pour elle de savoir. Mike était « l'unique », pensait-elle. Si elle se trompait à propos de lui, cette fois, elle enterrerait ses soupçons pour toujours. Peut-être avait-il changé ? Elle espérait tellement qu'il ait changé.

Muttuswamy n'arrêtait pas de regarder de gauche à droite pour saisir la vue extérieure par les hublots, de chaque côté. Sarah se tourna vers lui et sourit pendant qu'il regardait furtivement dans sa direction, mais il détourna rapidement les yeux. Il n'arrêtait pas de marmonner et de compter sur ses doigts. La nervosité qu'affichait son visage continuait de s'intensifier. Il essuya la sueur de son front, étalant les cendres et mêlant les trois lignes en une seule traînée.

Muttuswamy avait besoin de se vider l'esprit. Il avait trop de choses en tête. Il ouvrit son ordinateur portable. Le signal des ceintures de sécurité était allumé et la consigne d'éteindre les appareils électroniques avait déjà été donnée. L'avion était à trois minutes du décollage et pourtant Muttuswamy viola toutes les règles aériennes et se mit à écrire furieusement sur son blog. Cela ne pouvait pas attendre. Il devait écrire. Il était obligé d'écrire, comme si ce n'était pas de sa propre volonté. Écrire était quelque chose qu'il faisait souvent pour mettre davantage de distance et de clarté sur les pensées qui flottaient dans son esprit, sans but, occupant tout son espace, son énergie et sa raison. Bien que Muttuswamy écrivît pour trouver des réponses à ses questions, quand il partageait ses pensées sur son blog, ses followers buvaient toutes ses paroles car elles étaient en résonance avec leurs propres états d'âme. Ses paroles dissipaient leur confusion et leur apportaient de la clarté, tout comme elles le faisaient pour lui.

La vie est un sujet qui demeure un mystère pour la plupart d'entre nous. Pourquoi suis-je ici ? Quelle est ma mission sur terre ? Pourquoi est-ce que je me comporte comme je le fais, même si je ne supporte pas ce comportement ? Comment changer alors que je ne peux même pas localiser la source du problème qui me déprime ?

Si le destin est primordial, est-ce que je suis né victime de mon avenir ?

Sommes-nous tous victimes du destin ? Ou avons-nous le pouvoir de créer notre propre avenir et de définir notre destin en ce faisant ?

La vie est un mystère pour la plupart d'entre nous.

Certains d'entre nous, cependant, sont sur le point de déceler le chaînon manquant de cette énigme qui nous maintient tout petits — et qui nous fait croire en une source d'énergie étrangère à nous. Si le pouvoir, la foi, la grandeur et le savoir nous sont extérieurs, nous sommes alors à la merci de cette source afin qu'elle nous accorde notre part.

Il y a quelques personnes, cependant, qui ont levé le voile sur les mensonges nous enchaînant à l'idée de mortalité, ce qui limite nos croyances et notre vision à une peur de l'inconnu et nous enferme dans la logique du plus grand nombre — que nous ne sommes rien ni personne dans ce vaste univers.

Vous êtes quelqu'un. Moi aussi, je me sens vraiment unique, quelqu'un qui a oublié d'être moi.

L'univers semble vaste peut-être parce que je me suis fait tout petit.

Notre temps sur Terre définit-il la durée de notre existence ? Ou avons-nous une existence au-delà de la fin de notre temps dans ce monde ?

Quelle direction prendre ? Cette question va un peu plus loin, un peu au-delà de cette vie. Et si je pouvais définir la prochaine destination, continuerais-je à être ce que je suis aujourd'hui et à faire ce que je fais ?

Ma petite-fille de cinq ans m'a posé des questions innocentes, mais stimulantes : « Grand-père, quand vas-tu mourir ?

Où iras-tu une fois que tu seras mort? Que feras-tu, alors?» Je n'ai toujours pas de réponse à ces questions, même si j'en ai une petite idée.

Comment puis-je penser au voyage à venir quand je suis plongé si profondément dans une marche pénible sur ce sentier appelé «la vie»?

C'est l'homme à la fin de sa vie qui est le plus proche de la vérité. Mais ses réponses sont encore vagues et peu claires quand on lui demande de résumer sa vie.

Quel était le sens de ma vie?

Ai-je découvert qui je suis vraiment grâce à elle?

Ai-je fait ce que je disais et ressenti ce que je voulais vraiment?

J'ai vu des gens quelques heures avant leur départ de ce monde. Avaient-ils l'air en paix? Se sentaient-ils étranges? Y avaient-ils regardé de plus près pour leur salut? Non, ils étaient loin de ça.

Comment la vie les avait-elle servis en leur apportant la réponse aux questions qu'ils avaient le plus esquivées: «Qui suis-je? Pourquoi suis-je ici?» Nous sommes nés amnésiques. Allons-nous mourir dans un autre abîme de mystères? Ou la fin nous libérera-t-elle?

Mon métier m'enchaîne — je ne peux pas «voir» mon avenir comme je le vois pour d'autres — mais je sens que la fin est proche. Je sens qu'un nouveau départ attend de l'autre côté de la fin matérielle.

Les questions de ma petite-fille me guident toujours.

«Que vais-je faire quand tout sera fini?» En prédisant l'avenir pour les autres, j'en ai manqué un: un avenir au-delà de la mort physique, un avenir dans lequel j'irai quand j'aurai l'impression que tout se termine.

Les doigts de Muttu s'arrêtèrent alors qu'il regardait la dernière barre d'énergie restante sur l'écran de son ordinateur. Synchroniser via Internet son ordinateur avec son téléphone allait lui coûter très cher, mais ce message était important. Il frotta du dos de la main son front couvert de cendres, puis appuya sur POSTER afin que son billet soit mis en ligne sur son blog pour son million six cent mille followers avides, quelques secondes avant le décollage.

* * *

Jim s'était installé devant un film. Il regardait *Matrix* pour la énième fois, au point d'en connaître par cœur les scènes et les dialogues. Le film était réel pour lui. Il voyait la réalité dans la science-fiction qui se déroulait à l'écran. Avec son gros casque sur les oreilles, il s'était coupé du reste du monde. Toutes les deux minutes environ, il regardait Sarah et se rapprochait, sentait sa chaleur puis regagnait son monde. Bien qu'elle soit beaucoup plus âgée que lui, Jim se sentait inexplicablement attiré par elle, comme un papillon de nuit par la lumière.

Paul avait bu son Glenfiddich et attendait le début du vrombissement de l'avion. Étrangement, il se sentait vigilant, comme si son cerveau combattait l'accès d'euphorie temporaire provoqué par le whisky. Il s'en enverrait un autre une fois que l'avion aurait décollé. Il était tard et il avait eu une longue journée. L'alcool aurait dû, normalement, commencer le compte à rebours de la somnolence, mais Paul se sentait exceptionnellement éveillé. Peut-être était-ce la réussite de son affaire. Peut-être était-ce un sentiment de déconnexion de cette victoire ? Il en ressentait son effet sans vraiment le sentir — un état qui lui faisait se demander ce qui n'allait pas bien chez lui. Il essayait d'être heureux de ses réalisations, mais il ne l'était pas. Ce qu'il éprouvait était un sentiment différent et dérangeant. L'anxiété qu'il ressentait au creux de son estomac attira son attention. Qu'est-ce qui pourrait mal tourner ? Il regarda par la fenêtre puis soupira dans son fauteuil.

« J'espère qu'ils vont tous s'endormir facilement », demanda le personnel de bord au Dieu des Cieux pour que les passagers fassent un vol reposant.

* * *

L'avion FedEx accéléra sur la piste puis se jeta dans le ciel, clignotant comme un vaisseau spatial en se fondant dans les ténèbres.

« Bon sang... » murmura le commandant Robert lorsque la tour de contrôle demanda au vol SL502 d'attendre deux autres arrivées sur la piste. Cela repousserait le décollage de six minutes.

Le commandant Robert avait la quarantaine bien tassée, mais paraissait beaucoup plus âgé. Les rides de froncement de ses sourcils étaient profondes. Les ridules autour de ses yeux se déployaient de son front à ses joues. Son visage était buriné. Ses yeux dégageaient des abîmes de tristesse. Il avait récemment perdu beaucoup de poids et son uniforme flottait sur sa silhouette.

Robert pensait à se suicider depuis des semaines. La vie avait perdu tout sens pour lui. Il voulait mourir et mettre fin à cette souffrance. Ce n'était que la nuit dernière qu'il avait décidé d'un plan pour mettre fin à ses jours, une fois encore. Cependant, comme le font la plupart des personnes anxieuses et psychotiques, il s'était présenté à son travail lorsqu'on l'avait appelé en urgence pour remplacer quelqu'un d'autre sur ce vol.

Robert avait un nouveau plan : mourir au travail, dans les airs, à dix mille mètres d'altitude.

Le copilote Tom était agité, effleurant ses cheveux de façon obsessionnelle. Il avait une trentaine d'années et c'était un jeune homme charmant. Il ressemblait à un mélange élégant de Brad Pitt et Ben Stiller, son humeur toujours en accord avec son look. La plupart des hôtesses de l'air avaient le béguin pour lui et lui accordaient des attentions qu'il appréciait. Il s'assurait de travailler chaque jour à garder son sex-appeal à un niveau élevé.

Tom était engagé dans une relation stable. Sa petite amie l'appelait « le penseur », « le philosophe », et ne cessait de lui répéter qu'il s'était trompé de métier. Avec ses mots de sagesse qui trouvaient parfois une solution à leurs discussions quotidiennes, elle était convaincue qu'il aurait été un excellent leader spirituel. Tom avait cependant trouvé sa paix dans les cieux. Être loin du sol et plus proche du reste de l'univers lui procurait une exaltation qui l'entraînait à passer son temps dans les airs. Tom était plus qu'heureux de remplacer les autres commandants qui ne pouvaient se présenter au travail. Lorsqu'il se déplaçait dans les cieux, il se sentait libre.

Bien que Tom vole depuis cinq ans, sa petite amie, Nina, s'était mise récemment à faire des cauchemars. Ces mauvais rêves étaient de plus en plus fréquents et elle avait insisté pour que Tom fasse une pause de quelques mois, ou tout simplement qu'il prenne plus de congés. Les cauchemars avaient de telles répercussions sur Nina que Tom avait envisagé de prendre deux semaines de congés pour qu'elle puisse se relaxer. Il aimait Nina, mais ne pouvait lui expliquer son ardent désir de voler. C'était comme si ça lui donnait des ailes, comme si c'était un chemin vers la liberté. Liberté de quoi ? Il ne pouvait pas le dire. Mais il sentait un piège se refermer à la minute même où il atterrissait au sol. Comme il ne pouvait pas expliquer ce ressenti, il le gardait pour lui. Il emmènerait Nina en vacances et ses inquiétudes seraient apaisées.

Le commandant Joe était assis dans la cabine de repos de l'équipage. Il relèverait le commandant Robert durant quelques heures pendant le vol, puis le commandant en chef et lui-même effectueraient une rotation à tour de rôle. C'était un long-courrier et ils étaient habitués à se relayer.

Tout était en ordre. Tout et tout le monde fonctionnait comme prévu. Vous faites ceci et cela et cela encore et vous atterrissez en toute sécurité quinze heures plus tard à votre destination. Mais on ne sait pas que malgré ceci, et cela, et cela encore — les actions qui garantissent un certain nombre de conséquences —, les conséquences souhaitées et prévues peuvent être modifiées par la pensée et la volonté opposée d'une seule personne présente dans le jeu. Le respect du process est essentiel au succès, de même que l'intention de chaque personne impliquée.

Robert fixa l'avion qui se préparait à atterrir. Il posa la main sur sa poche de poitrine. Une petite pochette en plastique contenant deux capsules était logée près de son cœur. Chacune renfermait assez de poudre pour paralyser une bête de cinquante kilos en quelques minutes, la menant à une mort certaine. L'étiquette indiquait toutefois « Vitamine C. »

Il se frappa le genou : la tourmente pénétrait son corps. *Ne le fais pas !* La voix résonna dans sa tête. Robert vacilla sur son siège, ses yeux fixés sur l'avion suivant.

« Vous allez bien, commandant ? » Tom avait remarqué sa nervosité. Robert regardait devant lui, silencieux.

Qu'attendait-il que Robert dise ? *« Non, je ne vais pas bien ! Je vais me suicider dans quelques heures ! »* Tom savait que Robert n'allait pas bien, mais espérait recevoir une réponse réconfortante qui lui permettrait de se taire et de renoncer à la responsabilité d'intervenir sur les conséquences de son mal-être. Quand quelqu'un a le contrôle du véhicule dans lequel vous êtes embarqué, son problème est votre problème. Quand quelqu'un fait partie de votre voyage dans la vie, son problème est votre problème. Quand quelqu'un a un intérêt dans votre succès, son problème est votre problème. Confrontez-le. Résolvez-le.

Robert tourna son visage vers la droite, ses yeux suivant l'avion qui venait d'atterrir. Il plaça ses mains à la hâte sur les instruments de contrôle. À la seconde où la voix de la tour de contrôle crépita dans la radio, il propulsa les moteurs sans attendre les instructions. Tom fut un peu surpris, mais il ignora l'empressement de Robert. Le ciel était dégagé à gauche. Aucun avion n'était en vue d'atterrissage, alors Tom se sentit à son aise.

L'appareil s'approchait lentement de la position de décollage et les lumières rouges sur la piste brillaient comme pour envoyer un signal à ceux qui se préparaient à entrer dans le futur. Et une fois le job accompli, elles passeraient au vert.

Robert appuya sur les boutons avec agressivité. Son visage était inexpressif, comme s'il dissimulait quantité de sombres secrets concoctant un nouveau destin pour la journée à venir.

Tom fit un signe de croix et embrassa sa main dans une prière. Robert poussa la manette des gaz de quelques centimètres, ce qui força l'avion à grogner et à lancer sa course sur la piste bétonnée, alors que les trois cents personnes à bord se préparaient au décollage. L'avion prit de la vitesse et, alors que Robert repoussait la manette des gaz, les roues de l'appareil décollèrent du sol et il s'élança dans le vent, se dirigeant vers son destin à 10 000 mètres d'altitude dans le ciel.

LES DÉCISIONS FONT LE DESTIN

Dix minutes après l'envol, une sonnerie retentit pour libérer les membres du personnel de bord de leur poste. Cathy fit apparaître sa tête enjouée dans le cockpit.

« Café, commandants ? »

« Oui, deux cafés noirs s'il vous plaît », lui commanda le copilote Tom, pour eux deux, en ajoutant : « C'est un long vol », tout en hochant la tête vers Robert.

« OK, OK, messieurs. Les deux cafés chauds arrivent de suite », gazouilla Cathy en hochant la tête, ses faux cheveux bien en place, figés. L'ambiance dans la cuisine de service était joyeuse. Le charme de Tom faisait effet sur l'équipage.

Le commandant Robert sortit le petit sac en plastique de sa poche de poitrine. Tom le regarda sans méfiance. « Vitamines, mec ? » Le copilote Tom ricana. Il voulut faire une blague mais s'en abstint. Robert semblait être de mauvaise humeur et Tom décida de rester en dehors de son chemin.

Quand ils atterriraient, autour d'un verre, il aborderait le sujet de la santé de Robert et de son attitude solitaire. Chaque commandant devait se soumettre à des examens médicaux réguliers, à intervalles précis, mais Tom s'inquiétait du fait que Robert ait perdu beaucoup de poids ces derniers temps et qu'il ait l'air constamment préoccupé.

Robert serra les poings. Il perdait la maîtrise de lui-même. Il était en train de perdre la tête. Il devait garder le contrôle. Sa respiration était rapide et il s'efforçait de lutter contre la nausée qui l'envahissait. Il avait l'impression que sa tête était coupée en deux. Il aurait dû rester à la maison et s'en tenir à son plan. Monter dans l'avion se révélait maintenant avoir été une très mauvaise idée.

Robert savait que quelque chose n'allait pas chez lui. Il voulait vivre et être heureux, mais cette envie croissante de mettre fin à ses jours le rendait fou. Il savait qu'il s'enfonçait dans un gouffre de négativité et d'autodestruction, mais que cela ne lui donnait aucun contrôle sur les accès de folie qui se produisaient dans son quotidien.

Toute personne dont le comportement viole son propre code moral sait que quelque chose ne va pas. Il sent que cela ne correspond pas à sa nature profonde. Il sait que ses pensées et ses actions sont sous influence. Il sent qu'il est victime d'une pulsion et que tout ce qu'il peut faire est assister à sa propre chute, lentement mais sûrement, dans un état de totale impuissance. En outre, son destin malheureux est tel que plus il tente de redresser la situation, plus il commet de fautes. Robert était pris au piège de la folie. Il se tourna vers Tom qui regardait le ciel devant lui, ignorant tout de l'étrange phénomène qui prenait de l'ampleur dans la tête de Robert.

Fais-le. Cette fois-ci, fais-le. La voix cria encore dans la tête de Robert.

« Tout va bien, commandant ? » Tom sourit poliment dans une tentative désespérée de se rassurer. *Pourquoi ne pouvait-*

il pas simplement dire qu'il allait bien? Tom se crispa, mal à l'aise. Même une réponse du type « Non, je ne vais pas bien » aurait été acceptable. Mais Robert choisit le silence comme réponse, laissant Tom dans un torrent d'inquiétude.

La pâleur du visage de Robert et son expression solennelle, combinées à son silence, rendaient Tom extrêmement nerveux. *Qu'est-ce qui pourrait mal se passer avec lui? Son problème ne semble pas dû à une question de santé.* Dans le visage de Robert, Tom détectait une sorte d'agitation émotionnelle.

Au cours des derniers mois, les personnes de son entourage avaient remarqué que Robert était devenu impatient et distant. Ils étaient incapables de dire s'il était triste ou en colère. Ce qu'ils ignoraient, c'était que Robert souffrait mentalement.

Des souvenirs d'Irak, comme des éclairs, venaient fréquemment parasiter ses pensées. Les coups de feu, les bombardements, les cadavres — tout revenait dans ses visions et brouillait sa réalité. Les commandes « feu », « tuer », « frapper l'ennemi » résonnaient dans ses oreilles. Il pouvait ressentir une impulsion soudaine et inexplicable de tuer et finissait par se faire mal dans sa vie quotidienne. Une fois, il s'était coupé une main sur une lame de couteau en la serrant fort dans un moment d'anxiété. Un autre jour, il avait presque eu envie de tuer un chauffeur qui parlait trop fort dans la voiture.

Robert avait quitté l'armée de l'air américaine et démissionné de son poste de major afin de pouvoir dormir en paix. Il ne voulait plus tuer. Il ne voulait plus recharger l'avion-chasseur et partir à la chasse dans les airs, abattre ou faire exploser des gens. Il avait fini par se sentir monstrueux, presque inhumain, car comment un être humain pouvait-il en tuer un autre sans aucune raison logique? Les personnes mortes au nom de la guerre n'avaient rien à voir avec les conflits. Elles n'étaient même pas l'ennemi. L'ennemi restait en vie pendant que des innocents trouvaient la mort. Pourtant, les ordres transmis à l'officier étaient de tuer, afin que les gardiens de la guerre puissent jouer leur jeu de folie.

Revenir à la vie civile était plus difficile qu'être dans l'armée. Trouver le moyen de résoudre les problèmes et d'imaginer des solutions était le genre de réflexion à laquelle il n'était pas habitué, car il était formé à détruire des obstacles. Le moyen de résoudre un problème était de le détruire, de le tuer ou de le faire exploser. C'était un inadapté. Il pensait qu'il aurait une meilleure vie en dehors de l'aviation, mais il ne pouvait pas supporter le bonheur, une vie saine et tout ce qui définissait une vie heureuse. Ses mains étaient impatientes de tenir un fusil, son nez se languissait de sentir la poudre et ses yeux aspiraient à voir le sang.

La formation et le service dans les forces armées ont des répercussions sur une nature innée compatissante, rationnelle et raisonnable. Robert avait payé le prix pendant la durée de son service. Ce qu'il ignorait alors, c'est qu'il continuerait à payer ce prix... pour le reste de ses jours.

L'épouse de Robert et ses deux filles l'avaient distrait de la folie qui habitait son esprit. Il s'était donc occupé de son travail et de sa famille, car l'oisiveté laissait libre cours au monstre, celui-là même qu'il essayait de repousser fortement. Maintenant qu'elles étaient parties, tuées dans un accident de voiture, son esprit avait trouvé une excuse pour libérer le démon.

La décision de Robert était prise. Son uniforme de l'armée de l'air et ses insignes glorieux étaient emballés dans ses valises. Il anéantirait le diable qui habitait son esprit avant de l'utiliser pour blesser les autres. Il effectuerait sa rotation avec le commandant Joe dans quelques heures. Il se retirerait dans la cabine de repos de l'équipage et, là, il avalerait le poison et mourrait à dix mille mètres d'altitude — un destin glorieux s'il s'était produit pendant sa carrière dans l'armée de l'air.

* * *

Robert tenait une capsule dans sa main lorsque Cathy frappa et entra.

« Café pour les commandants. » Elle sourit, les regardant tous les deux. Ils semblaient préoccupés.

« Le café n'est pas bon pour la santé ! » Tom sourit à Cathy.

Robert tourna la capsule et ferma son poing, tout en ajustant quelques boutons. *Ne le fais pas. Fais-le maintenant. Mourir. Tuer.* Plusieurs voix s'affrontaient dans sa tête.

« Le café donne un aspect fripé à la peau. La vitamine C, elle, la rajeunit. » Tom fit un clin d'œil à Cathy et elle sourit nerveusement.

La respiration de Robert était maintenant aussi lourde que sa tête. Sentant la tension s'accumuler dans le cockpit, Cathy sortit rapidement. Elle voulait dire au copilote Tom d'y aller doucement avec ses remarques. Robert n'était plus la personne amicale qu'il avait été.

« Copilote ? » Robert regarda Tom avec sévérité. « La vitamine C est bonne pour la peau. Cela vous protège également du cancer, la maladie qui vous a fait perdre votre mère. » Il ouvrit la capsule et en versa le contenu dans sa tasse, tout en remuant.

La bouche de Tom s'ouvrit grande en entendant le méchant commentaire que Robert venait de faire à propos de sa mère. *Qu'est-ce qui ne va pas chez lui ?* Tom fronça les sourcils devant ce malaise. Il n'accepterait plus de voler avec lui, se jura-t-il.

« Hé, pas d'offense, commandant. Je plaisantais », s'excusa Tom en manipulant les commandes. Il était copilote et le protocole prévoyait qu'il traite le commandant avec respect. Il était peut-être sorti des clous avec son humour, mais Robert avait eu, pour sûr, des mots déplacés qui avaient touché leur cible d'une manière très blessante.

Robert attendait, le souffle court, pendant que le café tourbillonnait quelques secondes, se mêlant à l'infusion mortelle de pruche et d'aconit, un mélange toxique assez puissant pour tuer une vache, lentement mais sûrement.

Il avait apporté le poison acheté à un pharmacien ambulant. Il lui avait fallu des semaines pour convaincre le colporteur que son intention était de se suicider, et non pas de commettre un meurtre. Les deux capsules lui avaient coûté sa Rolex édition limitée qu'il avait échangée contre une dose mortelle de pruche et d'aconit. Cent milligrammes de pruche étaient suffisants pour causer la mort, qui se présentait sous la forme d'une paralysie où l'esprit reste éveillé alors que le corps ne réagit pas, jusqu'à ce que le système respiratoire s'arrête. L'empoisonnement à la pruche le plus célèbre avait probablement été celui du philosophe grec Socrate, condamné à mort pour impiété en 399 avant Jésus Christ. L'ajout d'aconit au mélange provoquerait une arythmie de la fonction cardiaque, entraînant la suffocation, puis la mort.

« Quel goût a le poison ? » avait demandé Robert. « La plupart des poisons ont un goût horrible », avait souri le colporteur. « Il y a beaucoup de poisons disponibles sur le marché — mort-aux-rats, insectifuges, etc. — alors pourquoi les gens viennent-ils vers moi ? Parce que ceux sur l'étagère sont désagréables. Un insecticide en aérosol, une fois ingéré, vous tuera. Mais vous ne pourriez pas en boire même si vous le vouliez. Vous avez besoin d'un poison qui s'ingère. Votre corps doit d'abord l'accepter pour qu'ensuite il vous tue. C'est ce pour quoi vous échangez votre Rolex : un poison que vous pouvez consommer. »

Était-ce sûr ? Une étincelle de doute brilla dans son esprit déjà confus. Une fois qu'il aurait bu le café, même une seule gorgée, il n'y aurait plus moyen de revenir en arrière. Voulait-il vraiment totalement en finir ? Ce jour allait-il être le dernier jour de sa vie ? Serait-ce le dernier vol qu'il prendrait jamais ? Mourir dans le cockpit était la chose la plus proche d'une mort en service. La sueur commença à s'accumuler sur son front et sa lèvre supérieure.

Il devait juste boire le café, comme il l'avait toujours fait, et cela lui donnerait envie de mourir. Robert avait souvent joué avec l'idée du suicide mais n'était jamais allé au bout. Son seul réconfort, quand il devait gérer sa répulsion pour la vie, était cette idée qu'il pourrait y mettre fin.

« Vous avez mis de la vitamine C dans votre café ? » demanda Tom en essayant d'entamer une conversation.

Robert était trop absorbé par le chaos de son esprit pour répondre à sa question. S'il n'avait pas le courage de boire ce café aujourd'hui, il aurait quand même une chance avec la prochaine capsule lors de son prochain vol, voire mieux, chez lui.

Tom essayait de cacher ses sentiments et gardait un visage impassible. Il savait que Robert avait servi dans l'armée de l'air américaine pendant quinze ans et qu'il avait quitté ses fonctions de major après avoir perdu son ami d'enfance lors d'un affrontement en vol, au-dessus de l'Irak. Il se disait, dans le Cercle des commandants, qu'il avait persuadé son ami de se rendre en mission en dépit de son désir pressant de se retirer, et il s'était depuis lors tenu pour responsable de sa mort.

Après un congé sabbatique de deux ans, l'épouse de Robert avait insisté pour qu'il revienne à sa passion : voler. Il avait été accueilli par Skyline Airways et volait autour du globe pour gagner sa vie.

C'est après la mort de sa famille dans un accident de voiture que Robert avait commencé à montrer des signes d'irrationalité. Alors que sa femme et ses deux filles rendaient leur dernier souffle, Robert était en vol, transportant des gens de New York à Dubaï. Il n'avait appris la tragédie que quinze heures après leur mort et s'était rendu aux obsèques quinze heures plus tard.

Tom pouvait mettre la vie de Robert en perspective et se sentir empathique à son égard. Il comprenait sa négativité et son amertume. Lui aussi avait perdu sa femme et savait combien il était difficile d'être en paix dans une maison vide. Cela vous rend malheureux à tel point que vous ne pouvez plus supporter que les autres soient heureux. Il pouvait comprendre la douleur de Robert et pardonner ses commentaires blessants.

Robert regardait devant lui, sans émotion. Il n'avait aucune intention de ne pas prendre le café ni de surmonter cette folie qui s'était manifestée dans l'action. Les battements de son cœur étaient totalement anarchiques. Dans les instants suivants, son destin, sa vie, la crainte de cet avenir inconnu, tout ne tenait plus qu'à une tasse de café et à son intention de la boire.

Les gélules étaient à proximité de son cœur depuis des semaines. Il les emportait partout où il allait, mais n'avait jamais réussi à trouver le courage de mener à bien son plan. Qu'il veuille mourir, cela, il en était certain, mais il n'était pas sûr de vouloir mourir seul. Il ne voulait pas d'une mort solitaire. Il était déjà seul dans la vie.

Avoir une autre personne avec lui quand il mourrait serait une consolation. Ce serait mieux que de mourir seul et être découvert des semaines plus tard, si toutefois il était découvert. À qui manquerait-il ? Qui le rechercherait ? Qui se soucierait de sa disparition ?

Le copilote Tom et les trois cents passagers à bord venaient d'être choisis pour l'accompagner dans sa mort.

* * *

Tom éteignit le signal des ceintures et commença à informer les passagers qu'ils naviguaient à une vitesse de croisière de 10000 mètres, leur suggérant de profiter du trajet. Le ciel était dégagé, plus sombre à la lisière de l'aube. Les étoiles s'étaient amassées devant comme si elles voulaient former une barrière pour empêcher l'avion d'aller plus loin. Battre en retraite semblait être la consigne envoyée. Un avion clignotait au-delà de l'horizon. Robert l'observa jusqu'à ce qu'il disparaisse.

Avec toutes les commandes du pilote automatique engagées, Tom se détendit et sortit son téléphone. Il sourit en regardant les photos que sa petite amie lui avait envoyées. Il lui rapportait un cadeau surprise. Il parcourut ses images avec indolence, en les agrandissant souvent pour bien voir ses yeux. Elle était si photogénique.

La main de Tom tâtonna pour trouver la tasse de son côté, puis chercha le café placé sur le plateau entre les deux sièges, entre le commandant Robert et lui. Cathy avait posé le plateau plus loin de lui et il ne vit pas la tasse de gauche qui lui était destinée. Il supposa que Robert avait déjà pris la sienne. Il enroula sa main autour de la tasse de droite — celle de Robert —, la tasse qui contenait le mélange mortel de pruche et d'aconit. Elle était encore chaude.

Tom attrapa la tasse, tout en continuant à parcourir les images sur son téléphone portable. Il avait maintenant tout oublié de l'épisode avec Robert. Il savourait la chaleur de la tasse dans ses mains, totalement inconscient de la poudre qui avait transformé chaque molécule de ce café en un poison mortel qui d'abord le paralyserait, puis le tuerait à petit feu.

Tom porta la tasse à ses lèvres et avala une grande gorgée. Le café avait un goût plus fort que d'habitude. C'était exactement ce dont il avait besoin pour se maintenir bien éveillé pendant toute la durée du vol. Il se tourna vers Robert et sourit : « Il est bon, ce café. »

Robert était trop perdu dans son désespoir pour remarquer que son destin s'insérait dans celui de Tom, son projet meurtrier étant sur le point d'impacter sa vie — car sa tasse de café, maintenant, consumait bien la vie de Tom.

* * *

Muttuswamy avait attendu que le signal de la ceinture de sécurité s'éteigne pour se lever. Il sauta de son siège et sortit son ordinateur portable du compartiment à bagages supérieur. Heureusement, les sièges à côté de lui étaient vides, ce qui lui permettrait de regarder vers l'avenir sans être dérangé par un voisin trop curieux.

Muttuswamy ouvrit l'ordinateur et lança une application qu'il avait lui-même créée: *Futur Forever.* C'était une application de numérologie avancée qui compilait sous forme numérique tous ses calculs astrologiques. Il sortit sa carte d'embarquement et entra le numéro de son vol, le numéro de son siège, la date et l'heure du départ.

Les numéros flottèrent sur l'écran de l'ordinateur portable puis se rangèrent dans un cadre. Il prit une profonde inspiration et se plongea dans son fauteuil.

Depuis que Muttuswamy avait pris place à bord du vol, il éprouvait une agitation qui ne faisait que grandir depuis le décollage. Il était tourné vers le futur et faisait ce que la plupart des gens font quand ils voient quelque chose qui ne leur plaît pas: entrer dans le déni, la logique étant que *si je me détourne, peut-être que cela disparaîtra.* Mais quelle que soit la séquence de chiffres saisie par Muttu, l'avenir, lui, restait constant, inchangé.

« Ce ne sont peut-être pas les bons numéros », marmonna-t-il. « Peut-être que le logiciel fait des siennes. » Il quitta l'application et la redémarra.

Prédire l'avenir est une faculté précieuse. Cependant, cela devient une capacité limitante s'il s'agit de votre propre fin. Comment un avenir peut-il se terminer à jamais? Seul un devin naïf se limiterait au corps vivant. L'avenir et le voyage d'une personne se terminent-ils au dernier battement de son cœur ? Est-ce qu'on a un futur après la fin de sa vie ? Il faudrait une âme très évoluée pour arriver à prévoir son voyage dans le futur, bien au-delà du terme de sa vie corporelle.

Muttu, comme on l'appelait chez lui, était bien plus évolué qu'il le pensait lui-même. Il sous-estimait toutes ses capacités même quand elles brillaient au service des autres. L'entourage joue un rôle essentiel dans le développement et l'évolution d'une personne. Lorsque les gens autour de vous sont limités, vous vous refermez sur vous-même et bridez vos propres capacités et votre évolution. Lorsque les gens autour de vous vivent en se limitant, vous rétrécissez votre pensée et votre vision pour vous intégrer à leur monde.

Récemment, Muttu avait commencé à remettre en question ses actions et sa vie. Il avait commencé à accéder à une grande vérité. Cette vérité qu'il pouvait voir était bien au-delà de l'avenir qu'il osait prédire aux autres. Quand les gens venaient le consulter à propos de leur vie, il pouvait voir où ils se trouvaient avant cette vie et vers où ils se dirigeaient après celle-ci. Il pouvait voir au-delà de la réalité. Muttu pouvait voir le futur, celui qui s'étend dans l'éternité. Selon lui, son avenir et celui de tous les autres étaient sans danger, car quelles pourraient en être les conséquences si l'immortalité et l'éternité étaient leur héritage ?

Muttu garda sa main sur sa poitrine. Peut-être que c'était l'acidité de son estomac qui le troublait. Il jeta un coup d'œil sur le repas végétarien asiatique que le steward lui avait servi et le couvrit immédiatement. Il cherchait du réconfort. Sarah écrivait dans son carnet et Muttu décida de faire quelque chose qu'il n'avait jamais fait auparavant : parler avec une inconnue à quatre heures et demie du matin.

« Bonsoir », tenta-t-il avec hésitation, essayant d'attirer l'attention de Sarah.

Juste au moment où celle-ci commençait à surmonter son obsession de Mike et à noter ses pensées pour son article, elle était interrompue. Elle soupira et regarda Muttu, les sourcils levés.

« D'où venez-vous ? », demanda-t-il nerveusement avec son accent indien. Il voulait poser des questions plus neutres avant de lui faire dire sa date de naissance.

« New York », sourit Sarah.

Jim bougeait dans son fauteuil. Il n'avait pas encore trouvé le courage de parler à Sarah et cet homme indien d'âge mûr lui volait son moment.

« Je suis Muttu et je viens d'Inde », dit Muttu en faisant semblant de sourire. « Que faites-vous ? » demanda-t-il dans l'espoir qu'elle lui pose une question en retour.

« Je suis écrivain. » Sarah avait maintenant basculé de tout son poids dans sa direction tandis que Jim tapotait le sol des pieds avec anxiété. Il n'aimait pas qu'un autre homme chasse sur son territoire.

« Waouh, c'est merveilleux. Qu'écrivez-vous ? »

« Eh bien, j'écris des articles pour le *New York Times*. J'interviewe des gens du monde entier. J'étais à Dubaï pour interviewer un cheikh pour mon prochain article. Cependant, ce que je veux vraiment faire... » — Sarah ralentit comme si elle mettait Muttu au courant d'un secret soigneusement gardé — « ... c'est écrire des livres. »

« Alors pourquoi ne le faites-vous pas ? » Muttu posa une question logique.

Les oreilles de Jim étaient collées à la conversation. Il s'était attendu à ce que Sarah soit mannequin ou actrice, mais écrivaine, non ! Elle lui parut, d'une certaine manière, encore plus attirante.

« Eh bien, j'ai déjà écrit un livre. Je suis juste bloquée pour écrire la fin. Quand je l'ai envoyé à mon éditeur, il a dit que je n'avais pas assez de profondeur sur le plan des émotions.

Donc je l'ai laissé en chantier. Il trône, incomplet, dans ma bibliothèque. Je n'ai pas assez de confiance en moi pour arriver à une fin puissante. » Le ton de Sarah et son visage s'éteignirent quand elle exprima la dernière phrase. Elle avait dit la vérité sur l'éditeur, mais pas *toute* la vérité : cet éditeur était également un ex-petit ami. Leur relation avait été difficile tant qu'elle avait duré et ne s'était pas terminée sur une bonne note. Elle soupçonnait que ses critiques sur son écriture n'aient découlé davantage de la jalousie et de la vengeance que d'un véritable souci d'amélioration de son texte.

Deux autres passagers derrière eux s'étaient redressés, écoutant la conversation tout en grignotant leur déjeuner. Certaines personnes commençaient à ronfler à l'arrière et à l'avant, et le rythme de leurs ronflements se synchronisait.

« Vouloir être un auteur, c'est déjà assez pour en être un », la rassura Muttu. « Et il est peut-être temps de changer d'éditeur. » À ce commentaire, Muttu et Sarah sourirent. Muttu avait frappé juste et de plein fouet avec ses conseils.

« Que faites-vous dans la vie ? » Sarah posa la question avec laquelle Muttu avait entamé la conversation. Il avait oublié son intention de départ et s'était engagé dans une conversation avec Sarah. Il ne s'attendait pas à ce genre d'honnêtes confidences de la part d'une inconnue.

« Je suis un voyant, un astrologue », dit Muttu nerveusement, son visage rougissant à cette déclaration.

« Oh, vous voyez dans l'avenir ? » dit Sarah avec enthousiasme, fermant son cahier et le rangeant. Muttu esquissa un sourire. Il était habitué à ce genre de réponse. Ça avait toujours été la même au cours de ses trente années de pratique en tant qu'astrologue. Les gens étaient toujours curieux de connaître leur avenir, même si tous n'étaient pas prêts à y faire face.

L'avenir est une tension mystérieuse ; il oblige les gens à travailler dans le présent. Tout le monde se dirige vers l'avenir, certains ont des plans pour l'aborder, alors que d'autres ne font que dériver là où leur futur va les mener. Et, quand les gens se trouvent avec quelqu'un qui peut voir cet avenir, cette personne devient le nouveau meilleur ami que tout le monde veut avoir, surtout s'il peut leur dire ce qu'ils veulent entendre.

« Que demander vraiment à l'avenir ? Tout le monde peut être astrologue. Observer les pensées de la personne, la façon dont elle pense et ce qu'elle fait dans son présent ; et n'importe qui peut prédire avec une précision de soixante-dix pour cent l'état de la situation du futur d'une autre personne. »

« Et que pouvez-vous me dire ? » demanda Sarah avec curiosité.

« Sur n'importe quel sujet, je peux répondre à toutes les questions, vraiment. » Muttu haussa les épaules. Il se mordit les lèvres nerveusement. Voulait-elle vraiment connaître la réponse ?

« Vais-je aller au bout de mon livre ? » Sarah mordilla le bout de ses doigts.

Ce qu'elle voulait vraiment savoir était si elle allait épouser Mike, si Mike était loyal avec elle. Pourtant, elle ne voulait pas commencer par une question trop personnelle. Poser une question sur son livre paraîtrait plus professionnel, et même s'il lui disait que sa carrière d'auteur était vouée à l'échec, elle ne serait pas aussi déçue que s'il lui prédisait que Mike ne serait pas l'homme de sa vie et de son avenir.

« Quelle est votre date de naissance ? » Muttu posa la vraie question et son cœur s'arrêta alors que Sarah hésitait.

Jim écoutait avec curiosité. Il avait estimé qu'elle avait vingt-deux ans. Cela ne lui ferait que cinq ans de plus et c'était une différence d'âge acceptable.

« Euh, le 6 mars 1974. »

Muttu ouvrit son ordinateur portable — ses doigts montraient une certaine nervosité — et Jim faillit s'étrangler avec son Coca. Elle avait quinze ans de plus que lui. *Quel con cet astrologue,* jura-t-il intérieurement, énervé que Muttu ait fait éclater sa petite bulle d'espoir. *Et d'ailleurs, Demi Moore a bien épousé Ashton Kutcher, qui avait environ dix ans de moins qu'elle* — alors il était encore dans la course...

Cette date était la réponse dont Muttu avait besoin pour se pencher sur son avenir et voir ce vers quoi sa vie se dirigeait. Si une longue vie l'attendait, il pourrait s'endormir paisiblement en sachant que le vol atterrirait quatorze heures plus tard en toute sécurité. Après tout, leur destin était intimement lié depuis qu'ils avaient pris le même vol.

Prévoir l'avenir devenait très stressant pour Muttu, surtout lorsqu'il avait une vue sur sa propre vie en regardant le futur des autres. Comment continuer sa vie en sachant que sa fin était proche, que le jeu serait bientôt terminé, en sachant que le visionnaire perdrait bientôt la vue, et sa vision, pour toujours ? Muttu se préparait, découvrait et essayait de voir au-delà, dans l'avenir, au-delà de sa fin. Était-ce proche ? Était-il prêt ?

Muttu tapa furieusement sur le clavier. Sur l'écran, huit cadres contenaient quatre numéros chacun. Quand il appuya sur la touche *ENTRÉE*, tous les chiffres se mirent à tourner frénétiquement et s'arrêtèrent dans un encadré dont la seule vue le fit pâlir. C'était exactement ce qu'il ne voulait pas voir. Sa bouche était devenue sèche et l'image de l'écran, floue devant ses yeux. De toutes les prédictions qu'il avait faites dans sa vie, c'est à propos de celle-ci qu'il avait espéré se tromper — car le destin de Sarah était maintenant pour lui une certitude.

« Où êtes-vous née ? » La voix de Muttu semblait coincée au fond de sa gorge.

« New York » sourit nerveusement Sarah, sentant la consternation de Muttu.

« À quelle heure ? » continua Muttu malgré le vertige d'inquiétude qui consumait son corps.

« Je ne sais pas. Je n'ai jamais pris la peine de le savoir », dit Sarah en haussant les épaules.

Muttu composa encore quelques chiffres sur son clavier, mais ceux de l'encadré ne bougèrent pas. Ils restaient tous là malgré ses tentatives désespérées de les réorganiser dans les sept autres cases vides.

« Alors, suis-je destinée à devenir une auteure ? » Sarah se pencha aussi près qu'elle le pouvait dans l'allée.

« Vous allez finir votre livre. Ce sera un chef-d'œuvre. Je le vois clairement. » Muttu regarda Sarah, essayant de dissimuler son inquiétude.

Sarah finirait d'écrire son livre, c'était clairement indiqué par le chiffre qui se trouvait dans la case de droite. Ce qui lui laissait cinq heures pour le faire, cinq heures accordées pour cette fin... la fin de sa vie.

* * *

Paul s'était installé et avait limité ses sollicitations à un autre verre de whisky, puis envisageait de dormir jusqu'à la fin du voyage. Glenda avait ses propres projets. Elle était bien éveillée et impatiente de constituer l'exclusive compagnie de Paul pour le reste du vol. Cathy avait décidé de faire une sieste car elle n'avait pas de tâche à effectuer. Glenda s'était accaparé le seul vrai passager de première classe : le vieil homme de l'autre rangée était profondément endormi.

« Encore du whisky ? » taquina Glenda. Un homme ivre pouvait parfois être difficile, mais c'était toujours un homme très vulnérable. Elle avait bien appris les subtilités de son travail, s'occupant régulièrement d'hommes d'affaires fortunés, jusqu'à leur destination. Mais, pourtant, les jours n'avaient pas tous le charme exclusif de celui-ci...

« Non, ma chère », dit Paul en s'étonnant lui-même de dire cela.

« Mais montrez-moi vos bijoux les plus chers en *duty free.* » Il regarda Glenda, ses lèvres s'écartant pour former un demi-sourire.

« Est-ce que ça doit être une seule pièce ? » dit Glenda en plissant les lèvres de manière séduisante.

« Non, mais il faut que ce soit très beau », répondit Paul, charmeur lui aussi.

« Oh » gloussa Glenda, jouant avec ses cheveux ; puis elle disparut dans la cuisine.

Elle attrapa le bras de Cathy et lui fit de force un compte rendu complet de son jeu espiègle. Puis elle avança le chariot *duty free* et commença à disposer sur le plateau tous ses articles préférés. Elle laisserait ensuite au milliardaire le choix de celui qu'il voudrait voir sur elle.

Paul étendit ses jambes sur le repose-pied devant lui. Il inclina son fauteuil et se pencha en arrière. Il se préparait pour un divertissement.

Paul avait été marié pendant dix ans et son divorce avait été douloureux. C'était le luxe le plus onéreux qu'il s'était offert, plaisantait-il souvent. Il était célibataire depuis six ans et restait le plus loin possible d'un engagement.

Bien qu'il soit fier d'être à la tête d'un empire d'un milliard de dollars et qu'il ait souvent les plus belles femmes du monde à ses côtés, ce qu'il semblait apprécier de plus en plus était la solitude. Il aimait être seul. Son ex-femme et ses trois enfants ne lui manquaient pas. Ce n'était pas comme s'il ne s'en préoccupait pas ou ne les aimait pas, mais eux, comme lui, étaient occupés par leurs propres vies. Ce qui pouvait lui manquer dans la journée était son temps de solitude. Assis dans sa chambre près de la fenêtre, observant le ciel étoilé et sentant la brise nocturne sur son visage lui apporter une sérénité dont il n'osait pas parler.

« C'est un signe de vieillesse », avait déclaré son ami quand il avait partagé son sentiment à ce propos autour d'un verre.

Ce serait la dernière fois que Paul confierait à quelqu'un son monde de solitude.

Ce n'était pas à cause de l'âge. Ce n'était pas à cause de la solitude. Paul possédait tout dans la vie, alors tout ce qu'il voulait était juste être loin de tout cela. C'est la même sensation que lorsqu'on mange trop souvent ce qu'on adore manger, et qu'au final, on finit par ne plus l'aimer. La simple vision de cette nourriture suscite alors un sentiment de dégoût. Donc plus il abandonnait de choses, mieux il se sentait. Plus il donnait, plus il se sentait léger, comme si on lui enlevait un lourd fardeau.

Paul ne faisait que continuer à suivre l'image qu'il avait si stratégiquement établie. Les femmes allaient et venaient pour le voir dans son monde, mais aucune ne se rendait dans sa chambre. Les plus belles voitures passaient entre ses mains, mais aucune ne lui donnait la fierté qu'il avait ressentie autrefois. Un flot d'argent remplissait son compte bien plus rapidement qu'il ne pouvait le dépenser ou qu'il ne pouvait totalement l'épuiser, mais cela n'excitait plus son enthousiasme. L'univers interne de Paul se tournait vers le renoncement, alors que sa réputation sociale et ses actions semblaient dire le contraire.

« Est-ce que je vous montre l'ensemble de la collection ? » rit bêtement Glenda en avançant avec le chariot roulant du *duty free*, les articles sortis de leur boîte pour que Paul puisse les voir. Elle voulait savoir lequel il choisirait pour elle. Le chariot était chargé avec l'intégralité de la collection pour les femmes.

« Je ne voudrais priver aucun de ces bijoux de l'honneur de vous parer. Le chariot est à vous. Voici ma carte. Prenez-la. » Paul se tourna pour attraper son portefeuille sur l'étagère latérale et tendit à Glenda sa carte Black Amex.

Glenda resta bouche bée. Est-ce qu'elle rêvait ? Est-ce qu'elle l'avait bien entendu ? Voulait-il vraiment lui offrir tout le chariot ? Cela vaudrait quelques milliers de dollars. Elle resta immobile, le regard troublé.

« Le... le chariot entier ? » furent les seuls mots qu'elle put prononcer après une longue pause.

« Vous voulez m'acheter tout le chariot ? » répéta-t-elle avec incrédulité.

Paul sourit et la regarda attentivement. Sa réaction à son geste valait sa part de divertissement pour la journée.

« Oui », murmura-t-il, amusé, et ses yeux s'écarquillèrent.

Glenda faillit défaillir d'excitation. Elle ne pouvait pas croire à sa chance. Elle serait la fière propriétaire de l'ensemble de la collection pour femmes du catalogue *duty free*. Elle serra la carte dans sa main, ramena le chariot vers l'arrière, heurta maladroitement un siège et disparut finalement derrière le rideau de la cuisine.

Glenda était sous le choc, euphorique. Elle regarda Cathy intensément. Cathy avait entendu la conversation. Elle mourait d'envie d'en parler.

Paul regarda par la fenêtre. Il pouvait imaginer avec précision la discussion dans la cuisine de service. Il pouvait percevoir que Glenda se tenait prête à recevoir le gros lot. Il savait qu'elle voudrait prendre quelques jours de congés pour montrer ses dernières possessions.

Toute cette envie et tout ce besoin, ça l'étouffait, mais il le comprenait chez d'autres personnes. Cela semblait les rendre heureuses. Et cela semblait le rendre heureux lui aussi.

Il cherchait quelque chose, quelqu'un. C'était comme s'il essayait de se retrouver. Il lui semblait qu'il y avait autre chose que ce qu'il savait : il y avait autre chose que ce qu'il était devenu. Il cherchait quelque chose — un vide qu'il ne pourrait pas expliquer ni combler, car il semblait parfaitement à l'aise quand il n'avait... rien. Ou peut-être que c'était la vieillesse qui montrait le bout de sa tête grise et confuse.

Glenda revint avec une bouteille de Glenfiddich.

« Celle-ci est offerte », dit-elle avec un petit sourire soumis en rendant la carte Black Amex à Paul. Elle s'attendait à demi à ce qu'il lui prenne la main et l'attire sur le siège près de lui. Elle flottait toujours sur un petit nuage rose avec son sac rempli de cadeaux, et se concentrait pour servir Paul conformément à ses attentes.

« Qui est le pilote, aujourd'hui ? » Paul posa la question-surprise.

« Quoi ? » Glenda se redressa. Pourquoi ce genre de question ? C'était tellement loin du jeu de séduction qui semblait se jouer entre eux. Quelque-chose se passait avec Paul. Elle l'avait senti. Ou peut-être qu'il demandait simplement à vérifier si l'une de ses connaissances était dans le cockpit.

« Le commandant Robert et son copilote Tom. » Glenda essayait de se remettre de ses émotions, descendant du nuage sur lequel elle flottait.

Paul plissa les yeux puis haussa les épaules.

« Donnez-moi une bouteille d'eau », dit-il distraitement. Glenda entra dans la cuisine et en sortit, prête à attendre pour son service.

« Je vais faire quelques pas. » Paul se leva de son siège, ouvrit le côté de sa cabine et se tint à côté de Glenda, dont le cœur battait à toute allure. Cadeaux ou pas, elle trouvait Paul irrésistiblement attirant.

« Oui, bien sûr », Glenda tendit la main pour lui ouvrir le chemin. La cabine de première classe était la plus petite section de l'avion. Il ferait des rondes comme un poisson rouge dans son bocal, puis s'endormirait. Elle sourit à cette pensée.

Paul ouvrit le rideau qui délimitait la section. « Je vais faire une promenade dans l'avion. Il fait quelle longueur ? » demanda-t-il, étendant les mains.

« Quarante-deux mètres », déclara Glenda, inquiète. Pourquoi partait-il ? Ne voulait-il pas une faveur en échange de tous les cadeaux qu'il lui avait offerts ? Ou peut-être qu'il reviendrait la chercher après la promenade ? Peut-être que c'était du bla-bla. Elle était confuse.

Paul reviendrait. Cependant, pas pour Glenda. Donner sans contrepartie était son plaisir, son luxe.

Paul avait quitté sa belle demeure et était entré dans un monde où tout le monde pourrait donner tout ce qu'il avait pour avoir tout ce qu'il possédait. Il était entré dans un monde où la plupart des gens seraient ravis d'échanger leur identité avec la sienne. Et Paul, de son côté, serait heureux de tout abandonner, tout ce qu'il avait, pour pouvoir avoir ce qu'il n'avait pas... la chance d'être son vrai *lui*.

LE POINT DE NON-RETOUR

La lune brillait timidement dans le ciel bleu-grisâtre. Le décor était surréaliste, tout comme les événements qui se déroulaient dans le ciel. Les étoiles s'endormaient rapidement et s'évanouissaient au loin. L'avion naviguait sur un océan de nuages. Aucune vie n'existait dans l'espace divisé, d'un côté, par une vie conditionnée par les règles de la planète et, de l'autre, par un monde de liberté que peu de gens osaient parcourir.

L'estomac de Tom contenait la moitié du contenu de son café trafiqué. La tasse se trouvait sur le plateau, à moitié vide — ou, comme disent les optimistes, à moitié pleine. Les cellules de son estomac commençaient à se rebeller sous les premiers effets du poison. Ses muscles abdominaux se contractaient en une crampe pour tenter de rejeter le café de son corps, dans un vomissement. Tom se tint le ventre et soupira sous le coup d'une douleur soudaine et aiguë. Le poison agissait vite.

Robert essayait de garder un visage impassible, ne montrant aucun intérêt pour le malaise de Tom.

« Je n'aurais pas dû prendre ce café sur un estomac vide », murmura Tom en sonnant pour appeler le personnel de bord.

Robert se tourna pour prendre sa tasse de café et son visage vira au gris quand il vit le plateau. Il était vide de son côté et le café était bien placé sur le support dans l'accoudoir de Tom. Il ne cessait de regarder le plateau. Il y avait une tasse à gauche du côté de Tom. Et il avait pris la tasse de café de Robert.

« T... toi », Robert commença à chercher ses mots. Tom eut peur en voyant le visage de Robert pâlir.

« Tu as bu mon café ! » murmura Robert, l'estomac noué par la situation.

Un Tom confus fixait sa tasse de café, ne sachant pas où Robert voulait en venir. Il se pencha ensuite et regarda le plateau. Il avait pris la tasse du côté de Robert, car la sienne était posée à gauche du plateau.

« Je... je suis désolé, commandant. Je ne savais pas... je regardais mon téléphone. J'ai attrapé votre tasse par erreur. Merde, ces sièges dans le cockpit sont si rapprochés. » Tom observa Robert avec prudence. *Pourquoi surréagissait-il et faisait-il une telle scène pour une tasse de café ?*

« Tu as bu mon café ! » Robert rugit d'abord avec colère, puis se mit à avoir peur. Il se tourna pour faire face à Tom alors que ses mains se tendaient vers la tasse logée dans l'accoudoir. Il sortit la tasse et la plaqua sur le plateau.

« Qu'as-tu fait ? » Sa voix tremblait, son souffle se brisant dans ses poumons. « Qu'as-tu fait ? » dit-il furieusement.

« Vous avez bien une autre vitamine, pas vrai ? » Tom essaya de sourire, pas certain de la réaction de Robert.

Robert ramassa la tasse de café à moitié vide et continua de l'observer. Il voulait remonter le temps et réparer son erreur. Il réfléchit intensément, combattant la cécité qui marquait ses yeux d'une noirceur profonde. Il *avait* gardé sa tasse de son côté. Tom avait certainement pris sa tasse, ce café qui le mènerait à une mort certaine et proche.

« Ze suis dézolé, commandant. » Tom tenta de garder un discours compréhensible malgré un zézaiement nouvellement apparu.

Robert était dévasté. Il avait plongé dans un film d'horreur. Qu'avait-il fait ? Qu'avait fait Tom ? Il avait besoin de réfléchir vite. Il avait voulu mourir, et ne pas mourir seul. Dans son état délirant de planification, il avait décidé de se suicider dans les airs. Il avait réfléchi à ses plans pour mettre fin à ses jours, mais tuer quelqu'un d'autre ne faisait pas partie de son programme. La gravité de sa machination était montée d'un cran par rapport au suicide. Il était passé au meurtre.

Cathy frappa et entra dans le cockpit. Un coup d'œil à Tom et ses sourcils se froncèrent d'inquiétude.

« Donne-moi quelque chose à manger », dit Tom, esquissant un sourire forcé.

Cathy sourit, soucieuse, et ramassa le plateau.

« Vous n'avez pas touché à votre café », dit-elle à Robert. « En voulez-vous un autre ? »

Robert restait bouche cousue. Ses jambes tremblaient et il essaya de les stabiliser en plaçant ses mains sur ses cuisses. Des gouttes de sueur brillaient sur son front. Il entendait Cathy parler mais ne comprenait pas ce qu'elle disait. Qu'avait-il fait ? Sa main trembla comme il la posait nerveusement sur son front. Il passa sa main sur sa peau en sueur, puis la baissa pour l'essuyer sur sa chemise. Il chercha la deuxième capsule dans sa poche de poitrine. Il venait de commettre un meurtre. Tom serait bientôt mort.

Que devait-il faire à présent ? Devait-il prendre immédiatement la seconde capsule et mettre fin à tout ? Mais cela conduirait trois cents personnes à leur fin à elles aussi. Devait-il les sauver toutes et ensuite purger une peine d'emprisonnement à perpétuité ? Deux options s'offraient à lui — choix qu'il devait faire dans les prochaines secondes — mourir seul en prison ou mourir dans l'avion plein de monde.

L'énergie est contagieuse. Elle imprègne tout ce qu'elle touche. Tout comme une personne dont l'attitude est positive a un impact positif sur son entourage grâce à sa présence, il en va de même pour une personne négative. Même quand elles ne nous font pas de mal, les personnes négatives, par leur simple énergie, nous infectent par leur négativité. Et comme des mouches oisives, nous sommes pris dans leur sinistre toile.

Cathy était debout à étudier les deux hommes. Elle n'avait jamais vu deux personnes qui la déconcertaient autant : l'une souffrait, l'autre était ailleurs. Le commandant Robert n'avait même pas répondu à sa question au sujet du café. Elle prit le silence pour une fin de non-recevoir et se précipita hors du cockpit. Elle voulait dire à Glenda que quelque chose n'allait vraiment pas, mais cette dernière était trop distraite par son sac de cadeaux.

« Peut-être que je demanderai au commandant Joe de me remplacer si je ne me sens pas mieux après le repas », se plaignit Tom.

« Hé, commandant. » Tom se tourna vers Robert et laissa échapper un rire. « Il faut vous laisser aller, mec », dit-il en commençant à rire de façon incontrôlable. Le poison avait attaqué ses cellules et détournait maintenant ses fonctions pour mener son corps à son sinistre destin — la mort.

« Je voulais que vous sachiez que nous vous admirons tous. Vous êtes le commandant le plus admirable de la compagnie aérienne. Ce que vous faites et ce que vous défendez réclame un courage avec lequel aucun avion rempli de passagers ne peut rivaliser », déclara Tom. Son discours commençait à se gâter un peu.

« Je dis beaucoup de bien de vous à mes collègues. Je pense souvent à vous lorsque je me sens mal. Ce n'est pas facile de se porter volontaire pour la guerre, sachant qu'on ne pourra peut-être pas revenir en arrière. Ce n'est pas facile d'être face à l'ennemi, de savoir qu'on pourrait être mutilé pour la vie. Ce n'est pas facile d'assister à la perte de ses amis et de sa famille. Pourtant, vous continuez à servir et à réaliser vos projets. N'importe qui à votre place aurait craqué, il y a bien longtemps. » Tom serra l'épaule de Robert.

Ne dis pas ça. Ne dis pas cela maintenant, cria la voix de Robert dans sa tête. *Pourquoi les gens vous disent-ils de bonnes choses à la fin? Pourquoi tout le monde garde-t-il le meilleur pour la fin? Si Tom avait dit cela au début du vol au lieu de se moquer, cela aurait sauvé de nombreuses vies, y compris la sienne.* Robert prit la tasse de café et la serra fort dans sa main. Tom avait bu la moitié de la tasse. Même deux petites gorgées auraient fait le travail. Une demi-tasse était plus que suffisante. La mort de Tom était certaine. Le poison ne manquerait pas à sa promesse. Le regret commençait à envahir le cœur de Robert.

Que devrais-je faire maintenant? Que puis-je faire maintenant? Le ventre de Robert se tordait d'anxiété. Ses actions l'avaient mené à un point de non-retour dans son plan. Le temps restant ne marquait plus qu'un compte à rebours jusqu'à la fin — celui de Tom, le sien, et potentiellement celui de trois cents autres personnes.

Tom leva la main pour essuyer la salive qui coulait au coin de sa bouche. Sa main tremblait et il avait du mal à garder la tête droite. Ses yeux commençaient à pleurer. Les commandes du poste de pilotage devenaient floues.

« Était-ce de la vitamine C, commandant? Je ne me sens pas aussi bien que vous l'aviez promis », dit Tom en riant de nouveau, mais en bavant encore plus.

La tête de Robert pensait à la vitesse de la lumière. *Que devrais-je faire maintenant?* Aucune réponse décente ne vint dans son esprit. Il tendit la main et éteignit la commande de la radio. Tout ce qui serait dit ou fait dans ce lieu n'atteindrait jamais le récepteur à terre.

Les chiffres cliquetèrent sur la serrure du cockpit et le cœur de Robert se serra fort tandis que Cathy faisait sa tristement célèbre apparition avec un plateau de salade et de soupe pour Tom.

Les lunettes de soleil sur le visage de Tom cachaient ses yeux larmoyants et vitreux. Il essaya de se tourner dans la direction de Cathy, mais il semblait perdre tout contrôle musculaire.

« S'il vous plaît, posez le plateau rapidement. J'allume le signal des ceintures de sécurité. Nous allons entrer en zone de turbulences », déclara Robert sur le ton de l'urgence.

« Vous n'avez pas touché à votre café », commenta Cathy. Elle laissa cette tasse en place et desservit la tasse de café à moitié vide du plateau, dont le contenu était en train d'emporter rapidement Tom vers la fin de sa vie. Cathy jeta un coup d'œil à Tom, assis immobile et silencieux, très différent de ce qu'il était habituellement.

« OK, alors », murmura Cathy, son ton exprimant la méfiance comme elle sortait de la cabine. Quelque chose était sérieusement étrange. Cathy avait capté l'ambiance. Elle était tournée vers le futur.

* * *

« Entrez », cria le commandant Joe en entendant frapper à la porte de sa cabine.

Cathy entra dans la cabine de repos de l'équipage. Joe était blotti dans le siège incliné, son masque pour les yeux posé sur son front. Il avait décidé de faire une sieste puis de monter dans le cockpit pour soulager le commandant.

« Il y a quelque chose dont j'ai besoin de vous parler », dit nerveusement Cathy.

« Bien sûr. Avant de commencer, pourriez-vous m'offrir une tasse de café, s'il vous plaît ? » Joe sourit d'un air endormi.

Joe était assez indifférent. Il était habitué aux commérages du personnel de bord sur les commandants de bord ou sur les autres hôtesses et stewards et il n'y prêtait aucune attention. Il faisait ses heures de vol et son travail comme un automate, sans réel intérêt ni passion pour son métier. Il savait que les vérifications avaient été effectuées correctement avant le décollage et que des commandants qualifiés se trouvaient dans le cockpit. C'était tout ce qu'il avait besoin de savoir pour se dégager de toute responsabilité et faire une pause pendant son temps de repos.

Cathy se glissa hors de la cabine et attrapa le bras de Glenda. « Un café pour le commandant Joe, s'il te plaît. » Elle passa la commande et retourna dans la cabine de repos.

Glenda, qui venait d'être promue favorite du milliardaire, n'apprécia pas l'ordre donné par Cathy. Pourquoi ne pouvait-elle pas faire elle-même le café ? Pourquoi était-elle pressée ? Le commandant Joe se reposait, alors pourquoi devait-elle aller dans sa cabine ? Cherchait-elle à prendre du galon en s'occupant de lui, et prouver ainsi qu'elle était désirable ?

« Tss... Tss... » Glenda murmura pour elle-même. « Comme c'est désespérant », dit-elle d'une voix naïve. Elle se tenait au comptoir et vit la tasse de café à demi remplie que Cathy avait rapportée du cockpit. Glenda sourit et y versa du café chaud, un geste détestable qui était devenu une habitude chez elle. *« Pourquoi gaspiller une si bonne mouture ? »* était sa bonne excuse à chaque fois qu'elle faisait cela. S'occuper des autres et les servir n'était évidemment pas son problème.

« J'ai l'impression que quelque chose ne va pas bien. » Cathy se tut.

Joe soupira. Il avait déjà entendu cela. Il n'aimait pas jouer les conseillers à 10 000 mètres au-dessus de la planète.

« Que se passe-t-il ? » demanda Joe, feignant l'inquiétude.

« C'est le copilote Tom. Je pense que quelque chose ne va pas chez lui » déclara Cathy.

Joe soupira. Le copilote Tom n'était pas comme les autres commandants. Il n'était pas quelqu'un qui couchait à droite et à gauche et il était fidèle à sa petite amie. Sa façon d'être agaçait quelquefois des femmes qui ne l'aimaient pas, parce que, parfois, les jolies femmes n'acceptaient pas très bien d'être rejetées.

« Du café pour vous, commandant », déboula Glenda, interrompant leur conversation. Elle regarda Cathy plutôt froidement, sortit le plateau du bras du siège et posa la tasse de café avec une serviette et une assiette de biscuits. Elle fit une pause pendant une seconde, jetant un rapide coup d'œil sur eux deux, puis sortit de la cabine.

« Est-ce que tout va bien avec elle ? » Joe sourit, portant le café à ses lèvres alors que les restes de la pruche et de l'aconit tourbillonnaient dans la tasse, prêts pour leur prochaine proie.

De toute évidence, le commandant Joe ne prenait pas au sérieux l'inquiétude de Cathy à propos de Tom. Elle ne pouvait exprimer ce qu'elle ressentait et Joe prenait donc cela pour des commérages inutiles. Les deux n'étaient apparemment pas sur la même longueur d'onde. Comment le commandant Joe, même dans ses rêves les plus fous, pouvait-il avoir une idée de ce qui se passait dans le cockpit ? Comment Cathy aurait-elle pu décrypter et mettre des mots sur ce qu'elle ressentait intuitivement — que Tom n'était pas dans son état habituel et qu'elle savait que quelque chose n'allait pas, qu'un problème grave l'attendait ?

Le commandant Joe venait de changer de sujet et Cathy le prit comme un signe de son désintérêt. Elle abandonna sa tentative d'expliquer à Joe que quelque chose n'allait vraiment pas bien dans le cockpit. Elle quitta poliment la cabine.

Quand les gens n'écoutent pas leur voix intérieure et qu'ils ne font pas confiance à leur intuition, ils renoncent à leur pouvoir. Ils voient l'avenir mais prétendent ne pas le voir.

Ils connaissent la vérité mais prétendent ne pas la connaître. Ils sentent, ils ressentent, ils estiment, puis ils tournent tout cela dans leur esprit pour arriver à interpréter leurs sensations.

Le futur était perceptible, mais l'avenir avait été en quelque sorte « invalidé. »

Le présent se dirigeait vers un destin irréversible parce qu'une personne ne pouvait faire confiance à ses sens. Une autre personne, qui avait senti le danger de la situation, ne pouvait pas le communiquer avec assurance. Enfin, une autre personne qui avait reçu le message en avait évalué sa valeur, non pas à la lumière des faits présents, mais à partir d'expériences passées.

Une seule personne était folle, mais de nombreuses autres alimentaient les conséquences de sa folie.

Cathy aurait la chance d'apprendre cette leçon, mais elle n'aurait peut-être pas l'occasion d'en tirer profit.

* * *

« Vraiment, je vais finir mon livre ? » Sarah était ravie. Ses incertitudes à propos de Mike et la fatigue de sa journée de travail s'étaient évaporées avec cette prédiction. Un regain d'énergie la submergea. « C'est le pouvoir de l'espoir. C'est le pouvoir de la détermination. »

« Je ne fais que vous dire ce que les étoiles me révèlent. » Muttu était sur le point de se sentir mal. Ce n'était pas la prédiction de Sarah qui le troublait. Sa vie brillait devant ses yeux, défilant à une vitesse démoniaque. Son esprit était divisé en deux. Une moitié conversait avec Sarah et l'autre était dispersée dans une confusion totale. C'était comme s'il pouvait voir que l'avenir contenait une farce résumant sa propre vie.

« En fait, je n'ai dit à personne que j'ai déjà écrit un livre. Je suis juste coincée sur le dernier chapitre. C'est une histoire d'amour, une histoire d'amour triste. Quand je l'ai envoyée à mon éditeur, il m'a dit que ça manquait de profondeur et de compréhension des émotions humaines. Alors j'ai arrêté d'écrire. Encore un chapitre et le livre sera terminé », avoua Sarah.

Jim était secrètement fier de Sarah. Bien qu'il soit plongé dans sa musique, chaque fois que Sarah parlait, il baissait le volume pour entendre ce qu'elle avait à dire. Il voulait mieux la connaître. Il avait eu un véritable coup de cœur pour elle. Sarah était une auteure brillante, intelligente, sensible et incroyablement attirante. Elle était totalement « son genre », mais avec quinze ans de plus.

« Vous allez l'écrire », dit doucement Muttu en regardant son écran d'ordinateur. Il ne regardait plus les chiffres ; il regardait sa vie entière qui défilait.

« Puis-je vous poser une autre question ? » poursuivit Sarah malgré le silence de Muttu. Il lui sembla soudainement un peu en retrait. C'était lui qui avait entamé la conversation avec elle et l'avait incitée à s'intéresser à son travail, et maintenant qu'elle était accrochée, il semblait ne plus avoir envie de bavarder avec elle.

« Oui » répondit Muttu, détachant son attention de ce qu'il voyait de sa vie pour regarder Sarah.

Peut-être était-il fatigué ou peut-être avait-il juste sommeil. Sarah essayait intérieurement de comprendre son comportement.

« Mon livre sera-t-il publié ? » demanda Sarah, en dépit de son manque de confiance et de l'idée que cela ne se ferait jamais.

« Laissez-moi voir. » Muttu ramena son attention au présent et commença lentement à composer des chiffres. Voulait-il vraiment voir ? Il connaissait la réponse. Mais il fit ce que fait un professionnel — suivre la procédure. Quand il appuya sur *ENTRÉE*, certains numéros commencèrent à se réorganiser dans les huit cases qui allaient contenir le destin de Sarah.

Comment peut-on annoncer une mauvaise nouvelle à quelqu'un ? Comment peut-on lui dire que l'avenir auquel il tient désespérément n'existe pas ? Le fait d'être astrologue intrigue, mais peut aussi quelquefois susciter le dilemme. Les gens se tournent vers vous pour valider leurs rêves et vous devez parfois être l'horrible personnage qui va briser leurs espoirs.

La femme à côté de lui allait mourir dans cinq heures. Elle lui demandait si son rêve serait réalisé. Comment pouvait-il lui refuser cet espoir ? Elle n'avait plus que cinq heures à vivre. Mais encore une fois, comment pouvait-il mentir et trahir son éthique professionnelle ? Plus le silence de Muttu persistait, plus le doute se glissait dans l'esprit de Sarah.

« Je suppose que non... » Elle avait perçu l'énergie négative de Muttu.

« Je suis désolé », marmonna Muttu. Jim se tortilla sur son siège. Il avait envie de se lever et de frapper Muttu pour avoir brisé le cœur de Sarah avec tout ce charabia astrologique.

Quel crétin ! Jim le maudit. *Ne se soucie-t-il pas des sentiments des gens ? Est-il Dieu pour prédire l'avenir de quelqu'un et détruire ses rêves ?*

« Je pense que votre livre sera publié. » Jim parla, très étonné par sa soudaine démonstration de courage.

Sarah sourit aux efforts de Jim pour la réconforter.

« Je m'appelle Jim », au fait. Il se tourna vers la gauche pour faire face à Sarah puis jeta un coup d'œil sévère à Muttu. Celui-ci, assez introverti, évita le regard menaçant de Jim.

« Vous devriez finir votre livre. Et l'envoyer. Si personne ne le veut, alors peut-être que le moment n'est pas encore venu pour eux de faire partie de votre vie. Mais n'arrêtez pas. » Jim parla fort au début, mais, réalisant que la plupart des autres passagers étaient endormis, il baissa le ton.

« Je joue au foot. Je me suis blessé au genou il y a quelques mois. Mon entraîneur m'a dit que je ne réussirais pas, que je n'étais plus aussi rapide que le jeu l'exigeait. Je n'ai pas été sélectionné pour l'équipe et je suis allé à Dubaï avec mes parents en vacances. Hier, j'ai reçu un e-mail de mon entraîneur qui me dit que je suis dans la sélection. » Jim faisait de son mieux pour rétablir l'espoir dans les rêves de Sarah, rêves que Muttu avait brisés avec sa prédiction stupide.

« Je n'ai pas demandé à l'entraîneur pourquoi il a changé d'avis. Ce n'est pas lui qui a changé d'avis, c'est *moi* qui n'ai pas changé d'avis sur le match. Je n'ai pas abandonné. Je savais que je serais dans le jeu. Mon destin n'était pas entre les mains de l'entraîneur. J'avais déjà décidé les choses. »

« Qui pouvait le dire ? » Jim était prêt à se battre avec Muttu. Il était disposé à se disputer avec lui pendant les prochaines quatorze heures au besoin, afin de protéger Sarah et ses rêves. Une telle réaction émotionnelle pour une étrangère qui ne faisait pas partie de son cercle, et une telle répulsion émotionnelle envers une personne qu'il venait de rencontrer, alarmèrent Jim.

« Ouais. C'est vrai. » Le trio, surpris, leva les yeux sur l'homme qui écoutait leur conversation.

« Nous créons notre propre destin. C'est ce que je crois. »

Jim était ravi d'avoir pour allié un parfait inconnu qui se tenait mystérieusement dans le noir.

* * *

« J'ai besoin d'aide », murmura Tom.

Sa tête était lourde et inclinée vers le bas. Une longue traînée de salive coulait de sa bouche. Les boutons du cockpit tournaient devant ses yeux. Une sensation d'engourdissement l'envahissait rapidement.

« Quelque chose ne va pas », expliqua-t-il avec difficulté.

Robert le regarda, sa respiration était maintenant rapide et lourde. *Que dois-je faire ?* La question résonna dans sa tête avec un volume assourdissant. Du suicide au meurtre, son plan avait gravement échoué.

Tom essaya de se lever de son fauteuil, mais son corps s'étendit et ses bras retombèrent sans force sur le tableau de bord. Robert bondit pour le retenir afin de protéger les commandes de tout dommage éventuel.

Robert, tout en maintenant Tom dans son fauteuil, d'une main, actionna de l'autre le signal de la ceinture de sécurité. Il appuya sur le bouton de service et attendit qu'un agent de bord décroche. Tom regardait Robert, une mousse se formant à présent aux coins de sa bouche.

« Oui, commandant ? » répondit Cathy au téléphone.

« S'il vous plaît, retournez à vos sièges. Nous allons traverser une zone de turbulence », dit Robert, sur un ton pressé, à son interlocutrice.

« C'était vous ! », dit Tom en regardant Robert avec incrédulité. Il avait perdu le contrôle de sa tête. Elle s'était affaissée et tremblait de façon saccadée dans toutes les directions où son poids l'entraînait.

« Vous... vous avez empoisonné le café », murmura-t-il. Même si son corps le lâchait, il avait compris que Robert, indifférent à son malaise, était responsable de ce qui lui arrivait. Pourquoi ne l'aidait-il pas ? Pourquoi voulait-il le tuer ?

Tom était encore en vie et il confrontait Robert à la vérité. Ce dernier ne savait pas comment réagir. Il ne pouvait pas nier les faits et il ne pouvait pas non plus mentir à leur sujet. Il retenait Tom captif dans le cockpit, et c'est ce qui expliquait son comportement.

« Pourquoi ? Robert, pourquoi ? » supplia Tom. Tout s'était passé si vite qu'il n'arrivait pas à comprendre. Pourquoi Robert voudrait-il le tuer ? Il ne pouvait pas trouver une raison valable ni même une excuse insensée. Il n'avait rien fait qui puisse nuire à Robert. Il était juste un pilote ordinaire. Il n'avait rien fait dont Robert pourrait être jaloux. Il n'avait aucun atout particulier que Robert pourrait vouloir lui retirer. Cela n'avait pas de sens.

Pourquoi ? Il supplia à nouveau pour obtenir une réponse. Tom rassemblait toute sa volonté pour lutter contre l'engourdissement qui envahissait sa tête, pour tourner ses yeux dans la direction de Robert et lui faire face.

« Je voulais me suicider. Le poison était pour moi. Je *veux* mourir. » Robert se prit la tête dans les mains. « Ce café était pour moi. Je voulais mourir ici, au boulot. Je voulais m'en aller en paix. Mais tu as bu mon café, imbécile. Je ne voulais pas que tu meures, je voulais me suicider, moi » laissa-t-il échapper de sa bouche, dans un sanglot.

Bien que Tom ne puisse le comprendre, il savait que Robert disait la vérité. La folie n'a aucune explication et essayer de l'expliquer est aussi inutile qu'essayer de la comprendre.

« Est-ce que je vais *mourir* ? » murmura Tom. Il essayait désespérément de reprendre le contrôle de la situation, afin de sauver sa vie. Il tenta de nouveau de se projeter en avant mais retomba sur le côté droit, poussant la manette des gaz, faisant basculer tout l'avion.

« Oh, mon Dieu ! » cria Robert, paniqué, alors que l'avion piquait du nez. Il sauta sur l'accélérateur pour le ramener en position, stabilisant l'appareil. Il devait faire quelque chose pour Tom. Il perdait le contrôle et risquait de faire des dégâts. Il devait l'arrêter.

Robert se pencha, détacha les lacets de ses chaussures et les retira. Les larmes commencèrent à embuer ses yeux. Il était face à la mort qu'il avait tant désirée pour lui-même. Il était témoin du processus de mort qu'il avait si soigneusement imaginé. Cependant, ce qui se passait en ce moment était très éloigné de ses longues heures de préparation à la mort.

Voir quelqu'un mourir de la mort qu'il avait planifiée pour lui-même dissipait sa propre envie de mourir. Robert tremblait en se levant et maintint Tom contre le siège, attachant ses bras à l'accoudoir avec les lacets.

« Est-ce que je vais mourir ? » dit Tom en gémissant.

« Oui. » Robert attrapa son visage par le menton, puis repoussa sa tête vers l'arrière. Son regard était dur, comme celui d'un commandant en mission. « Nous allons tous mourir, si cela peut te consoler. »

* * *

La tour de contrôle avait perdu tout contact radio avec le vol SL502.

Aucun signal n'avait été émis depuis longtemps. L'avion était pourtant sur sa route, visible sur le radar. Le chef décida d'appeler par satellite. Le téléphone sonna dans la cuisine de service de l'équipage.

« Passez-moi le commandant. Nous n'avons plus de contact radio », cria la voix dans le combiné. Le visage de Cathy pâlit. *Elle le savait.* Elle savait que quelque chose n'allait pas. Sa main commença à trembler alors qu'elle tenait le récepteur.

« Laissez-moi vous mettre en contact avec le commandant », dit-elle en appelant la cabine de repos au lieu de connecter la ligne au cockpit. Elle ne faisait pas confiance aux deux commandants en charge de l'avion ; elle voulait que Joe l'entende de quelqu'un d'autre et comprenne la situation. Elle avait essayé de lui expliquer ce qu'elle ressentait, mais elle avait échoué. Peut-être que l'appel des contrôleurs aériens lui ferait comprendre la situation.

« Bonjour », répondit Joe depuis la cabine. Un étrange engourdissement lui était tombé dessus. *J'ai besoin de dormir et de mettre un* « Ne pas déranger » à l'entrée de ma cabine, pensa-t-il. Il devait laisser les pilotes et le personnel de bord régler les affaires courantes. Bien que Cathy se soit plainte de sentir qu'il se passait quelque chose de louche dans le cockpit et qu'elle ait exprimé un mauvais pressentiment, Joe avait promis de prendre la relève dans la demi-heure après une courte sieste. Cela ne faisait que quelques minutes et voilà qu'elle l'appelait à nouveau.

« C'est le contrôle aérien ; ils appellent depuis le sol. La radio du vol est éteinte. Ils ne peuvent pas entrer en contact avec le cockpit. » Cathy parlait très vite. Glenda prit conscience du malaise.

« Passez-les-moi. » Joe essaya de s'asseoir bien droit, mais s'effondra dans son siège. Que se passait-il ?

« Général Catsner du CTA, Contrôle du trafic aérien. Quel est le problème, commandant ? Nous ne pouvons pas établir de contact radio avec le cockpit », aboya le responsable à l'autre bout de la ligne.

Merde, pensa Joe. Le général pensait que Joe était dans le cockpit.

« Donnez-moi une minute, général. Je vais signaler le problème. » Joe fit de son mieux pour donner l'impression qu'il contrôlait la situation, cependant non seulement le timbre de sa voix l'effraya, mais il alarma également le général.

« Tout va bien, commandant ? » Sa voix était lente et en alerte.

Quelque chose n'allait pas. Il le comprenait au ton de la voix. L'appel, qui aurait dû être dirigé vers le commandant de bord de l'avion, avait été transféré au copilote en repos. Le général fit signe aux membres du personnel au sol de se connecter tous à l'appel.

« Oui, je vais bien. Je me reposais. Laissez-moi vérifier avec le cockpit et revenir vers vous. » Joe essaya désespérément de se lever, mais ne réussit pas. Sa tête pivota et le combiné s'échappa de sa main.

« Commandant ! Commandant ! » cria la voix à l'autre bout du fil. « La ligne est toujours active. Gardez-la active ! » aboya le général aux hommes du CTA au sol.

Joe s'était effondré malgré lui dans son siège. Il se sentait paralysé, comme si une force le repoussait contre son gré. Que se passait-il ?

« Au secours... » lâcha-t-il, essoufflé.

« Le SL502 est en train d'être détourné ! » hurla le général dans son talkie-walkie, figeant toutes les activités des autorités du contrôle aérien de l'aéroport international de Dubaï.

* * *

Glenda se retourna et attrapa le téléphone. Sa sonnerie retentit nerveusement dans le cockpit. Le voyant de la ceinture de sécurité était toujours allumé. Robert décrocha le téléphone et attendit qu'un agent de bord parle.

« Commandant, le Contrôle du trafic aérien a appelé. La radio est éteinte, tout va bien ? » Glenda était troublée. Elle volait depuis six ans maintenant et elle savait qu'un appel depuis le sol était synonyme de problèmes.

« Merde », grommela Robert. Il avait complètement oublié le téléphone satellite. Cela ne faisait pas du tout partie de son plan initial. Il avait seulement voulu se suicider. Toute cette affaire avec Tom l'avait conduit sur la voie du crime. Mais il n'était pas habitué à penser comme un criminel. Il était maintenant déchiré entre les émotions d'un homme aux tendances suicidaires et celles d'un homme en passe de devenir un criminel déclaré.

« Oui, tout va bien. » Robert tendit la main et coupa la connexion au téléphone satellite. Il regarda Tom dont la bouche écumait. Le soulèvement de sa poitrine et le clignement occasionnel de ses paupières montraient qu'il était toujours en vie.

« Laissez-moi vérifier la radio. Tout me semble OK. Je vais renvoyer un signal », déclara Robert, faisant semblant de contrôler, alors qu'il ressentait comme des coups de poing dans l'estomac. « Euh, qui a pris l'appel du CTA ? » demanda Robert, les mains tremblant sur les commandes.

« Le commandant Joe », dit Glenda.

Robert transpirait abondamment. Son esprit s'agitait dans tous les sens. Il verrouilla rapidement la porte, entrant quelques codes qui ne permettraient plus de l'ouvrir de l'extérieur. Le Contrôle du trafic aérien avait joint l'avion, le commandant Joe avait répondu à l'appel. Ils auraient bientôt tout compris. C'étaient de mauvaises nouvelles pour lui.

Trois minutes passèrent. Chaque seconde, Robert s'attendait à entendre frapper à la porte ou la sonnerie du téléphone. Son cœur était serré, en attendant la crise qui allait bientôt éclater. Mais étrangement, rien ne se passa. Tout était silencieux. Où était Joe ? Il avait pris l'appel du Contrôle du trafic aérien et il aurait dû arriver dès la seconde suivante. Quelque chose n'allait pas.

Cathy se leva et composa les codes de la porte du poste de pilotage. Elle avait besoin de savoir ce qui se passait. Elle allait entrer sans demander la permission. Le voyant rouge de la serrure à combinaison resta allumé. C'était étrange. Elle composa à nouveau les chiffres : c'était verrouillé. Le code avait été changé.

Robert fixa la porte. Il devait faire quelque chose rapidement.

La radio avait été coupée. Il avait également interrompu toutes les connexions sans fil et par satellite. Désormais, personne ne pouvait envoyer de message depuis l'avion ni entrer en contact avec lui. Il inclina l'avion de quarante degrés en prenant un virage serré.

* * *

L'avion bascula sur le côté comme s'il prenait un virage étroit et le personnel de bord fit une annonce urgente demandant à tous les passagers de s'asseoir avec leur ceinture de sécurité bien bouclée.

Paul vacilla vers la droite, perdant l'équilibre. Rester debout dans l'allée de la classe économique, plongé dans une conversation sur le destin et la destinée entre un adolescent et un astrologue venant de la spirituelle Inde était bien plus intéressant pour lui que de divertir l'hôtesse de l'air, certes séduisante, de la première classe. Quant à Sarah qui était la demoiselle dont il était question, Paul s'en amusait.

Paul était loin de la section de première classe lorsque le signal de la ceinture de sécurité s'alluma. Muttu lui offrit à contrecœur le siège vide à côté de lui.

« Est-ce que nous prenons un virage ? » Paul ne posait la question à personne en particulier, alors qu'il regardait par la fenêtre. La même question inquiéta l'équipage, c'était une manœuvre qui signalait l'existence de problèmes dans le cockpit.

Paul était un voyageur régulier et savait ce que la plupart des sons et des virages de l'avion signifiaient. Il fronça les sourcils. L'avion effectuait certainement un virage, ce qui était plutôt étrange. Selon son expérience, un avion volait toujours directement vers sa destination. Les virages pouvaient se produire au moment de l'atterrissage, mais pas pendant le voyage.

Paul jeta un coup d'œil sur l'écran TV devant lui. La trajectoire de vol sur l'écran était statique, ne montrant aucun changement, aucun mouvement. C'était étrange. Il regarda Muttu puis détourna le regard, essayant de comprendre ce qui se passait. Quand il reviendrait à son siège, il demanderait à parler au commandant.

Paul regarda par la fenêtre. Il avait oublié l'effet que cela faisait de voyager en classe économique. Le siège était trop petit. La disposition lui faisait penser à une prison : trop de gens dans trop peu d'espace. Le seul point commun entre la classe économique et la première classe était la taille du hublot. Peu importe où vous vous trouvez, le hublot est un lieu commun d'opportunités. Paul sourit à cette pensée.

Le ciel était devenu bleu clair et les nuages se teintaient d'un soupçon d'orange, annonçant l'arrivée du soleil...

« Pourquoi avez-vous choisi de devenir astrologue ? » Paul se tourna vers Muttu. Toute la rangée 26 était bien réveillée, tandis que la plupart des passagers étaient profondément endormis. « Cela doit être assez difficile », dit Paul, compatissant avec Muttu. « N'est-il pas mieux de découvrir soi-même son destin ? »

« Je ne l'ai pas choisi. C'est ce métier qui m'a choisi », avoua Muttu. « L'avenir est le résultat de ce que vous faites dans le présent et de ce que vous avez fait dans le passé. Mais ce que vous devez également savoir, c'est que l'avenir est aussi le résultat de ce que d'autres font au présent dans votre entourage. »

Paul fronça les sourcils, poussant Muttu à s'expliquer.

« Disons que vous êtes un homme d'affaires prospère. Vous faites les choses parfaitement et tout est en ordre. Imaginez que l'une de vos personnes de confiance vous poignarde dans le dos et détruise votre entreprise. Alors, votre sort désespéré n'est pas de votre propre fait, vraiment. C'est celui d'une autre personne qui fait partie de votre monde. Nous avons tendance à penser que seules nos actions comptent dans une vision plus large des choses. Ce n'est que la moitié de la vérité. Il est également vrai que nous sommes touchés par les actions de ceux qui nous entourent. Vous pourriez conduire sur une autoroute du bon côté de la route. Vous ne buvez pas. Vous avez vérifié votre voiture. De plus, vous avez pris toutes les mesures responsables que vous puissiez prendre pour assurer votre sécurité. Et puis un conducteur ivre entre dans votre file et vous fait basculer dans un ravin. Nos destins sont reliés. Si je me trouve dans votre espace, maintenant, mon karma a un impact sur vous et sur votre avenir » expliqua Muttu à Paul, qui, lui, semblait complètement dérouté par cette logique.

Jim était quelque peu silencieux lui aussi. Il avait déjà suffisamment débattu avec Muttu et avait atteint un état de calme où il pouvait comprendre sa logique.

« Alors, que pouvez-vous dire ? » demanda Paul à Muttu, une question qu'il avait entendue un million de fois au cours de sa carrière.

« Presque tout », dit Muttu, indifférent.

« Il y a une question que je me suis toujours posée », Paul parla doucement. Il ne voulait pas que Sarah et Jim l'écoutent.

L'avion plongea soudainement. Paul agrippa le siège alors que l'ordinateur portable de Muttu glissait de sa tablette. Il l'attrapa juste à temps avant qu'il ne touche le sol.

« Merde », hurla Jim bruyamment.

« Oh, mon Dieu, oh, mon Dieu », Sarah s'appuya sur Jim, qui lui tint immédiatement la main pour la protéger.

« Ça va. C'est juste quelques turbulences », dit-il pour la réconforter.

Ceux qui avaient été tirés de leur sommeil attendaient avec anxiété les excuses ou l'annonce du pilote. Il n'y en eut pas. L'hôtesse de bord en prit la responsabilité.

« Mesdames et messieurs. Nous rencontrons quelques turbulences. Veuillez rester assis et garder vos ceintures bien attachées. »

« Cela se produit lorsque l'avion entre dans une poche d'air. Il n'y a rien à craindre », assura Jim à Sarah inquiète.

Je n'aurais pas dû prendre ce vol. Voilà ce qui m'arrive pour avoir soupçonné Mike. Sarah se maudit elle-même...

Paul avait tout oublié de sa question et essayait de comprendre ce qu'il se passait. L'avion avait effectué un virage serré, ce qui n'était pas normal sur un vol long-courrier. Et puis cette plongée... Il avait pris suffisamment de vols pour comprendre les lois de l'aviation. Ce fut Muttu qui vint interrompre ses pensées. Non pas que Muttu soit intéressé à donner une lecture des choses à Paul, mais il avait envie de ne plus penser à l'énergie négative qui flottait dans les airs.

« Que vouliez-vous demander ? » dit Muttu, brisant le sombre silence.

Pourquoi le pilote ne parle-t-il pas ? Paul décida de penser à autre chose et regarda Muttu.

« Eh bien, j'ai passé la plus grande partie de ma vie à créer et à construire un rêve que j'ai vécu pendant la dernière décennie. Je pensais que quand j'aurais de l'argent, je serais heureux. Je pensais que si je créais un empire, je réussirais. Et j'ai eu les deux, du bonheur et une grande réussite. J'ai gagné bien plus que j'ai perdu. J'ai vécu bien plus de hauts que de bas. J'ai eu des problèmes et puis une très grande part de victoires. J'ai tout ce que j'ai rêvé d'avoir. Mes enfants et leurs trois prochaines générations sont tranquilles financièrement. J'ai tout. » Paul s'arrêta pour reprendre son souffle, parlant aussi doucement que possible.

« Mais alors pourquoi est-ce que je sens ce vide, comme si j'avais manqué quelque chose ? Pourquoi est-ce que je sens que tout ce que j'ai fait n'était pas aligné avec le but que je poursuivais ? Pourquoi est-ce que je sens qu'il y a davantage dans la vie que ce que j'ai vécu ? Pourquoi est-ce que je pense parfois à la mort ? Je ne suis pas dépressif, mais alors pourquoi est-ce que je pense quelquefois à la mort comme à une libération ? Je suis curieux. Vous comprenez de quoi je parle ? » Paul leva les sourcils.

C'était une conversation embarrassante pour Paul, d'abord parce qu'il n'en avait jamais parlé à personne et ensuite parce qu'il n'y avait jamais réfléchi. D'une manière ou d'une autre, en écoutant Muttu parler, il avait eu le sentiment que Muttu le comprendrait. Il percevait la vie des gens et les comprenait. Un homme qui raconte l'avenir porte aussi le fardeau de leur vie.

« Je comprends ce que vous dites. C'est très juste. » Muttu était émerveillé par la profondeur spirituelle de Paul, bien que Paul ne se soit, lui, jamais douté de son penchant spirituel.

« Rien ne m'intéresse. J'ai fait tout ce que je pouvais faire. J'ai créé tout ce que je pouvais imaginer. J'ai aimé et perdu, et j'aime encore. Plus rien ne m'intéresse. Il n'y a plus de défis qui soient stimulants pour moi. C'est comme si j'étais sur la route depuis si longtemps que je voulais terminer le voyage.

Et depuis peu, j'ai des visions et des inquiétudes. Je peux voir en les gens, leurs intentions. Je peux prédire les circonstances. Je peux voir ce qui va se passer après. Je ne cherche pas à le faire, mais cela m'arrive. Je ne prévois rien de ce que je peux voir. Je n'ai pas de motif. C'est juste un état, comme si j'étais devenu un spectateur de la vie, pas un acteur.

Je ne ressens aucun attachement, ni aux choses ni aux gens. Bien que j'aille travailler tous les jours, et que je réalise des choses incroyables, cela m'importe beaucoup moins. Je crée et je donne avec la même facilité. Est-ce que vous comprenez ce que je dis ? » confirma Paul. Ses pensées étaient chargées d'une telle préoccupation spirituelle qu'il se demandait si quelqu'un avait déjà ressenti la même chose...

« Je vous comprends. Je sais très exactement ce que vous voulez dire », le rassura Muttu.

« C'est vrai, vous comprenez ? » Paul n'attendit pas de réponse. « Alors ma question est... » Il hésita, alors que sa voix baissait encore de quelques décibels, de sorte que Muttu dut se pencher pour l'entendre : « Pouvez-vous me dire quand je mourrai ? »

* * *

Où est Joe ? Quelque chose a dû lui arriver. *Qu'est-ce qui a pu se passer ?* Il ne semblait y avoir aucune explication digne de son absence de la scène. Il n'avait pas senti le virage ?

Il n'avait pas senti la plongée de l'avion ? Il y avait des signes de mutinerie et Joe ne s'était pas montré. Robert n'arrivait plus à penser correctement.

Le moniteur continuait à émettre un bip d'alerte signifiant que l'avion était en dehors de son plan de vol. C'était une conduite dangereuse, car elle pouvait entraîner une collision avec d'autres avions. Il était trop tard pour revenir dans le couloir aérien prévu, car Robert avait coupé tous les signaux du sol. L'avion était réglé sur la boussole et le remettre sur le bon chemin ne serait qu'une estimation imprécise. Il y avait un autre avion qui volait avec le soleil levant en toile de fond. Une collision avec cet appareil risquait de faire six cents victimes. Robert accéléra pour amorcer une descente brutale.

Des nuages sombres se profilaient en dessous, alors que l'avion commençait à perdre rapidement de l'altitude. Le radar indiqua trois points rouges. Ces points rouges sont toujours une source d'inquiétude pour les pilotes. Ils signalent des nuages lourdement chargés, actifs et puissants, dotés d'une charge électrique intense. Un avion doit se tenir à l'écart de ces zones car, parfois, même leur périphérie est chargée de suffisamment de force électrique pour causer d'importantes turbulences, voire une défaillance électronique.

L'avion était descendu maintenant à près de 6 000 mètres d'altitude et une sombre étendue flottait au-dessous de lui, prête à engloutir trois cents personnes pour les entraîner vers d'autres destinées.

Robert était au bout du rouleau, et ses sens, paralysés. Il pilotait l'avion sans aucun but. Tuer Tom lui avait complètement embrouillé l'esprit. Il chercha la capsule de poison dans sa poche et la sortit de son emballage plastique. Il la tint dans sa main tout en attrapant la bouteille d'eau. Il avalerait le poison puis dirigerait l'avion droit dans le cumulonimbus, espérant que la foudre frapperait le réservoir de carburant et provoquerait l'explosion de l'avion en une seconde. Ou que cela endommagerait les commandes et que l'appareil s'effondrerait complètement. Sinon, la charge électrique pourrait mettre l'appareil hors de contrôle, et celui-ci serait entraîné vers une destruction inévitable. Avec le poison Robert serait paralysé en quelques minutes et c'en serait fini pour lui avant même que pour tous les autres.

Il vida la bouteille d'eau. Ses mains tremblaient, tout autant que son corps qui se rebellait contre l'idée de mettre fin à tout ce qu'il avait si fidèlement accompli pour le maintenir en vie. La capsule de poison glissa sur la paume de sa main puis sur le sol.

« Bon sang », murmura-t-il en se penchant pour la chercher : elle avait roulé dans un creux sous son siège. Son corps tremblait encore. Robert chercha une baguette fine pour déloger la capsule de la cavité.

Les points rouges devenaient de plus en plus gros au fur et à mesure que les voyants rouges clignotaient et qu'un signal d'alarme rapide retentissait sur le radar.

* * *

« Pourquoi perdons-nous de l'altitude ? » Cathy ouvrit brusquement sa ceinture de sécurité. Une turbulence frappa alors l'avion qui balança à gauche puis à droite.

« Assieds-toi », dit Glenda, en panique. Si l'avion descendait à nouveau, Cathy pourrait tomber. Une chute dans l'office est plus dangereuse qu'une chute dans le couloir des passagers.

Cependant, Cathy n'alla pas s'asseoir. Elle se dirigea vers la porte du cockpit et saisit le code une nouvelle fois. La lumière rouge bipa à nouveau sur la serrure. Cathy frappa à la porte.

« Commandant ! » cria-t-elle avant de mettre son oreille contre la porte. Elle entendit l'alarme sonner dans le cockpit et son cœur vacilla, comme si elle avait reçu un coup de poing dans l'estomac.

« Commandant ! » cria-t-elle, plus fort, frappant contre la porte avec son poing. Elle s'accrocha aux murs de la cuisine parce que l'avion recommençait à balancer.

Cathy regarda vers la cabine de repos de l'équipage. Le commandant Joe avait pris l'appel du CTA et avait peut-être communiqué avec le cockpit. Néanmoins, quelque chose semblait louche. Cathy s'attendait à ce que le commandant Joe sorte de sa cabine et monte dans le cockpit. Pourquoi n'était-il pas sorti ? Elle essaya de se diriger vers la cabine, mais Glenda se leva et l'attrapa par le bras.

« Assieds-toi. » Glenda également s'inquiétait de la perte d'altitude de l'avion et du commandant qui ne répondait pas, mais elle voulait que Cathy soit à ses côtés.

Glenda appela le cockpit. « Restez calme et priez », déclara Robert dans son récepteur, sans attendre que Glenda pose sa question, puis la ligne fut coupée.

« Qu'est-ce qu'il a dit ? » Cathy secoua le bras de Glenda alors que son visage devenait blanc, comme vidé de son sang.

« Restez calme et priez », murmura Glenda.

« Parle, idiote ! Qu'est-ce qu'il a dit ? » cria Cathy en secouant Glenda.

« Restez calme et priez. Il a dit « Restez calme et priez. » Glenda était à peine audible.

« Je vais chercher le commandant Joe. » Cathy ouvrit de nouveau sa ceinture de sécurité et se dirigea vers la cabine de repos de l'équipage, malgré les turbulences qui faisaient de chaque pas un défi.

* * *

Les turbulences avaient réveillé tout le monde. Même ceux qui essayaient de faire comme si tout allait bien étaient maintenant bien éveillés dans leur siège et se regardaient pour se rassurer. La plupart des gens réussissaient à garder un visage impassible, en espérant que ce ne serait que temporaire. Un couple d'hommes s'était levé pour demander à parler au commandant. Cependant, le vol était si agité qu'ils n'eurent pas d'autre choix que de retourner à leur place et d'espérer le meilleur.

Sarah respirait avec difficulté. Jim était lui-même un peu inquiet. Mais il ne cessait de rassurer Sarah, gardant un niveau d'enthousiasme élevé, pariant sur la probabilité que les turbulences disparaissent.

Paul et Muttu avaient une lecture différente. Les turbulences étaient un signe pour Muttu, un signe qui correspondait à sa prédiction, à sa vision du futur. Paul était en route vers sa délivrance, demandant avec insistance à poursuivre sa conversation avec Muttu.

Muttu était habitué à toutes sortes de questions. Mais c'était rare de voir quelqu'un curieux de la fin de sa vie. Paul semblait être un homme prospère, un homme raisonnable. Sa montre hublot luxueuse — Rolex édition limitée — et ses boutons de manchettes Cartier sertis de diamants signalaient son succès avant même que Paul ne le mentionne.

Des hommes d'affaires, des politiciens, des acteurs, des diplomates et d'autres personnes de pouvoir constituaient la clientèle fidèle de Muttu. Ils le consultaient sur les sujets les plus ridicules, tels que *quelle voiture devrais-je acheter?* ou *sur quelles actions devrais-je miser à la bourse?* Cependant, il était très rare qu'un homme parfaitement heureux pose la question : *Quand vais-je mourir?*

La question en elle-même n'était pas un problème. Les gens peuvent demander n'importe quoi. Si Muttu devait répondre, cela devait être fondé sur l'éthique de sa profession — il ne devait pas parler de la mort d'un individu.

« Je n'ai pas de réponse à cette question, Paul. Je n'ai pas la réponse. » Il fit une pause, évaluant à quel point Paul voulait savoir et comment il réagirait s'il le lui disait. Paul semblait calme et posé. Même les soubresauts de l'avion n'interféraient pas dans ses émotions.

« Vous venez de dire que vous pouviez tout dire », rappela Paul à Muttu.

« Oui », acquiesça Muttu. Il pouvait dire tout sauf cela.

« Est-ce que vous ne pouvez pas le dire parce que vous ne pouvez pas le voir, ou est-ce que vous pouvez le voir, mais ne le direz pas ? » Paul chercha la réponse dans les yeux de Muttu avant qu'il ne puisse la dire.

« Je peux voir mais je ne peux pas dire », avoua Muttu.

Paul se tut. Il se mordit la lèvre et regarda tristement par la fenêtre. Muttu regarda sa montre. La dame assise à ses côtés avait environ quatre heures à vivre. L'avion était instable dans les airs. L'atmosphère du moment avait quelque chose de ténébreux. L'homme assis à côté de lui était potentiellement au bout de ses dernières heures avant le moment fatidique. Quel mal cela pouvait-il lui faire de savoir maintenant ? La mort et la liberté semblaient être ce qui l'intéressait, de toute façon. Quel mal une petite violation de son serment professionnel pourrait-elle causer à ce moment précis alors que, quelques heures plus tard, il n'aurait peut-être plus de métier ?

« Je ne peux pas vous répondre... » dit Muttu, faisant une pause, attirant l'attention de Paul sur les nuages sombres, puis il reprit : « ... mais je peux vous enseigner les bases de l'astrologie afin que vous soyez capable de déchiffrer la réponse par vous-même », demandant par là même la permission de continuer.

Paul fut abasourdi par sa réponse. Sa bouche était entrouverte et son souffle s'arrêta à cet instant. Il lui fallut quelques secondes pour comprendre à quel point Muttu sacrifiait son éthique professionnelle pour l'aider à voir ce qu'il souhaitait le plus découvrir.

« Pouvez-vous m'apprendre à voir l'avenir ? » demanda Paul, pénétrant le regard de Muttu.

Muttu lui posa les questions habituelles sur sa date de naissance, son heure et lieu de naissance, puis il se mit à saisir des chiffres dans son ordinateur.

« Donc, vous prenez les chiffres et vous les tapez dans cet ordre. » Muttu tourna son ordinateur pour que Paul puisse y jeter un coup d'œil. « Les huit cases représentent la durée de vie, la célébrité, la richesse, la famille… »

Paul était concentré sur chaque mot prononcé par Muttu. Il était vif et les chiffres étaient sa partie. Il avait compris. En fait, la technologie rendait le déchiffrement si simple. L'astrologue n'avait plus qu'à lire ce que l'ordinateur avait calculé. Un logiciel et un aperçu du comportement des gens représentaient l'ensemble des qualifications requises pour devenir astrologue. Paul sourit à cette idée.

« Alors maintenant, nous sommes prêts avec vos chiffres. Quand je vais appuyer sur *ENTRÉE*, ils vont s'installer dans leurs cases respectives. Vous savez comment les lire, non ? Vous savez comment lire la huitième case, maintenant ? C'est la case qui contient la réponse à la durée de la vie. Vous avez compris, n'est-ce pas ? » Muttu s'assurait que Paul avait bien compris. Paul acquiesça.

Il laissa échapper un long soupir. *Ça y est,* pensa-t-il. Il regarda par la fenêtre et la vue des nuages sombres devant lui détourna son attention de la mort, vers la survie.

Enfin, il appuya sur la touche *ENTRÉE,* ce qui provoqua une frénésie de tous les chiffres sur l'écran, le compteur tournant pour que les numéros s'installent dans le futur qui leur était destiné.

Un éclair détourna à nouveau son attention de l'écran de l'ordinateur vers le ciel.

Était-ce un éclair ? Il colla son visage au hublot. *Allons-nous vers ces nuages ?* Paul se tourna vers Muttu, inquiet. Uniquement pour voir s'il pouvait déceler dans son expression la peur que lui-même ressentait.

Quelle question devrait-il aborder en premier? pensa Paul. *Pouvez-vous voir si la foudre va s'abattre sur nous? Où, quand vais-je mourir?* La réponse aux deux questions semblait inextricablement liée.

Muttu et Paul restèrent silencieux quelques secondes. Alors que le regard de Muttu fixait la fenêtre et qu'un sombre destin se préparait, les yeux de Paul étaient rivés à l'écran de l'ordinateur. Tous les numéros étaient regroupés dans une case avec son nom en haut.

« Qu'est-ce que cela veut dire ? » demanda Paul, même s'il le savait. Muttu venait de lui dire ce que cela signifiait. Il s'était assuré qu'il avait compris comment lire le code si son heure était venue.

« Qu'est-ce que cela signifie, Muttu ? Mon heure est-elle arrivée ? » Le visage de Paul changea de couleur, passant par diverses nuances de rouge, puis virant au blanc-grisâtre.

« Pas encore », murmura Muttu, « il vous reste quatre heures à vivre. »

L'expression de Paul s'était figée à ces mots. C'était comme s'il s'était changé en statue de marbre. Muttu regarda avec inquiétude le visage blanc cendré de Paul faisant face au nuage noir qui crachait des traînées de foudre.

* * *

« Est-ce que c'est la foudre ? Ne volons-nous pas trop bas ? Est-ce qu'on atterrit ? » Sarah se tourna vers la fenêtre de Muttu, tandis que Jim s'appuyait sur elle pour mieux voir.

Un léger brouhaha s'était élevé, porteur de questions similaires, mais personne n'avait de réponse. La gêne et les perturbations s'accentuaient. L'inquiétude montait mais tout le monde s'efforçait encore de rester calme.

Jim était inquiet, mais il essayait de garder le contrôle de lui-même. Il avait été touché par l'énergie qui se dégageait de Sarah et ne se souciait pas plus que ça de la charge électrique dans les nuages.

« Il n'y a pas de raison de s'inquiéter. » Jim la rassura. « La plupart des avions sont résistants à la foudre », expliqua-t-il, laissant de côté les exceptions à cette théorie. Il était vrai que les avions étaient construits avec des matériaux résistants à la foudre, mais cela dépendait uniquement de l'endroit où la foudre frappait et de la puissance dont elle disposait. Ce n'était pas souvent le cas, mais la foudre pouvait non seulement frapper un avion, mais aussi le traverser, et calciner toutes les personnes qui se trouvaient sur son passage.

La descente avait perturbé Jim et l'avancée dans les nuages semblait un peu inquiétante, mais le pilote savait sûrement ce qu'il était en train de faire : sa vie à lui aussi était en jeu. Sur ce, Jim arrêta de se faire du souci.

* * *

Les turbulences devenaient de plus en plus sévères alors que Cathy se dirigeait lentement vers la cabine de repos. Glenda était sur le point de fondre en larmes. Ce n'étaient pas les turbulences qui avaient provoqué sa panique ; c'était la non-réactivité du pilote, qui lui faisait comprendre que quelque chose n'allait pas du tout dans le cockpit. Lorsque certaines activités dans le cockpit semblent anormales, une interrogation se pose au sujet de la vie et de l'avenir de tous les passagers à bord. Glenda s'approcha à nouveau du cockpit. Que se passait-il ? Pourquoi Robert ne disait-il rien ?

« Que se passe-t-il ? » avait-elle supplié quand Robert avait enfin répondu. « Pourquoi descendons-nous ? »

« Je suis désolé », avait dit Robert avant de raccrocher. Il avait quitté son siège et fouillait frénétiquement la cavité qui maintenait la capsule prisonnière. S'il pouvait simplement sortir cette fichue capsule, tout serait fini.

Glenda se mit à sangloter de façon hystérique. Elle commença à prier. Elle rendrait tous les cadeaux que Paul lui avait donnés. Elle s'efforcerait de faire changer son karma. Elle cesserait de travailler et resterait au sol pour servir sa famille. Voler ne lui avait pas procuré la joie de rencontrer des hommes intéressants. Peut-être était-ce pour cela qu'elle se trouvait ici ? Peut-être était-ce pour cela qu'elle méritait de mourir ? Elle demandait une autre chance, une dernière chance de vivre. Elle tenta de rappeler le commandant. Sa vie était entre ses mains. La ligne était off. Robert avait débranché le récepteur.

Cathy vit l'éclair fuser et se dirigea rapidement vers le hublot. Elle se tenait à la porte fermement en observant avec horreur le nuage s'illuminer alors que la foudre le frappait, le coupant en deux. Son mari était pilote et elle savait ce qui attendait un avion qui s'était aventuré dans un cumulonimbus apparaissant en signal rouge sur le radar. *Elle devait se rendre chez le commandant Joe.*

L'avion fut secoué avec force et un chariot roula vers Cathy, la heurtant et la bloquant à sa place vers la porte. Il s'était retourné et coincé en travers des deux parois du couloir. Glenda le regardait en sanglotant de plus en plus fort.

« Va voir le commandant Joe ! », hurla Cathy, en dépit de son désespoir et d'une Glenda pétrifiée qui se cramponnait à sa ceinture.

* * *

La tension montait parmi les passagers. Tous commençaient à avoir peur, mais personne n'avait encore rien dit. Il y avait des murmures et de petits cris, et il y avait du réconfort. Chacun se raccrochait à l'espoir ténu que mauvais temps et turbulences finiraient par passer. La rangée 26 vivait une histoire différente. Paul regardait Muttu, attendant qu'il se mette à rire, expliquant que sa prédiction était une blague. Mais Muttu avait l'air sérieux, comme un homme sur le point de mourir.

« Vous vous moquez de moi, non ? » Paul laissa échapper un rire nerveux. « Vous me testez, n'est-ce pas ? » Il cherchait désespérément le regard de Muttu en quête d'un signe de dérision.

Muttu referma son ordinateur, se frotta les yeux et regarda Paul. Bien que la peau de Muttu soit sombre, Paul aurait pu jurer que son visage avait pris une teinte jaune pâle.

« Est-ce que ça va ? » lui demanda-t-il, inquiet.

« Vous avez quatre heures à vivre. Ce n'est pas le problème. J'ai vu la fin de beaucoup de gens dans ma vie. Cependant, la dame à côté de nous a également quatre heures à vivre », haleta Muttu.

Paul regarda Muttu avec horreur. Avait-il laissé entendre que c'était une rare coïncidence, où deux inconnus pris au hasard sur un vol étaient liés au même destin, ou bien cela impliquait-il que l'appareil était sur le point de s'écraser, laissant deux cent quatre-vingt-treize survivants, ou, pire, aucun ?

« Et que dit votre destin ? » demanda Paul, au bord de la nausée.

« Je ne peux pas voir mon destin », avoua Muttu. Il n'avait jamais eu à le regarder. Il le connaissait.

« Alors regardez le sien », dit Paul en désignant Jim. « Pourquoi deux étrangers auraient-ils la même heure de mort ? Pourquoi ? » Le ton de Paul devint bruyant et pressant, et il s'enfonça dans son siège.

Muttu était mort d'inquiétude. Il n'avait pas besoin de Jim pour obtenir la confirmation d'un avenir qu'il pouvait voir très clairement sans consulter les chiffres. Oui, il pouvait voir l'avenir, mais espérait profondément se tromper.

Paul appela Jim : « Hé, mon ami ! » Le ton de sa voix laissait percevoir un ultime désir de maîtrise de soi. « Quelle est votre date de naissance ? » fit-il en souriant, espérant que cela amuserait Jim de parler de son destin.

« Testons Muttu avec votre passé pour voir si ce qu'il a prédit pour mon avenir est juste. » Paul invitait Jim à jouer avec lui.

« Pardon » ? Jim se pencha en avant. L'odeur du parfum de Sarah envahit ses narines alors qu'il se penchait plus près. Une conversation avec Paul lui donnerait davantage de proximité avec son béguin.

Les turbulences devenaient plus violentes et son voisin consultait un astrologue. Jim pouvait ressentir un grand désespoir dans la voix de Paul. Ils étaient à 9 000 mètres dans un ciel en furie — la prière semblait être la réponse évidente au désastre potentiel qui s'annonçait, et Paul invitait un astrologue à lire son avenir ? Jim était abasourdi.

« D'où je viens n'est pas la question... » Jim se pencha pour regarder Paul, « ... mais nous semblons tous nous diriger vers le même avenir », dit-il en pointant par le hublot de Paul le nuage noir qui grossissait de plus en plus, à chaque seconde.

« Pourquoi nous dirigeons-nous vers la foudre ? » l'interrompit Sarah. Sa voix était étranglée.

« Pouvez-vous dire si tout ira bien ? » dit-elle en regardant Muttu pour se rassurer.

« Si tout ne devait pas bien se passer, pourquoi aurait-il pris ce vol ? » Jim se rapprocha de Sarah. « Il peut voir l'avenir, non ? Pourquoi aurait-il pris le vol s'il l'avait vu le conduire vers sa mort ? » Jim se mit à rire nerveusement, sans quitter des yeux Muttu dont l'expression semblait comme figée dans la glace.

« Donnez-lui votre date de naissance », dit Sarah pour persuader Jim. « Ce serait amusant de voir ce qu'il vous dit. »

« Vous voulez dire qu'il devrait me parler de mon passé, pour savoir si ses prédictions sont exactes pour l'autre type ? » Jim feint un sourire. Muttu était solennel, plongé dans ses pensées, et cela le rendit nerveux. Il essayait mentalement de relier entre elles les informations, à sa propre façon quelque peu naïve, pour comprendre comment pouvait évoluer l'avenir qui les attendait.

« Ouais. » Paul fut soulagé d'avoir trouvé une accroche. « Quelle est votre date de naissance ? »

« 6 décembre 1991 », mentit Jim. Mieux valait qu'il ait dix-neuf ans que dix-sept. C'était un message pour Sarah.

Muttu prit cela comme date repère et, sans qu'on le lui demande, commença à saisir les chiffres sur son clavier.

Paul luttait contre la nausée alors que ses yeux étaient rivés sur l'écran de l'ordinateur de Muttu. Il ne savait rien de l'alignement des chiffres, mais venait d'apprendre à identifier le schéma de la mort.

Les chiffres tournèrent à la perfection, pour venir se loger comme au hasard dans les huit cases affichant un destin qui n'était pas celui de Jim. Muttu essuya la sueur qui perlait sur son front. « Une longue vie t'attend », dit-il en riant en direction de Jim.

« Une longue vie t'attend. » Muttu serra la main de Paul. Si Jim devait survivre, cela signifiait que le vol SL502 ne s'écraserait pas, et Muttu poussa un long soupir de soulagement.

Paul se sentit attiré par Sarah. Qu'y avait-il entre elle et lui pour que leur vie se termine à la même heure ? Il voulut la connaître, eut très envie de lui parler.

« Pourquoi Sarah et moi allons-nous mourir au même moment et au même endroit ? » Paul se tourna pour faire face à Muttu. « Ce n'est pas le timing, ce n'est pas la proximité non plus. Il y a trop de coïncidences. Quelle est ma connexion avec elle ? »

« Alors, que vas-tu me dire de ma vie ? » demanda Jim, interrompant leur conversation. Il avait donné sa date de naissance et exigeait sa lecture des chiffres. Sarah également semblait curieuse.

Dans son soulagement, Muttu avait tout oublié de la lecture des chiffres de Jim. L'avion vint à son secours, le sauvant d'une conversation qui risquait de tourner en ridicule ses pouvoirs, puisque la lecture des chiffres de Jim ne correspondrait pas à la réalité de sa vie.

L'avion avait commencé à trembler fébrilement comme s'il était devenu convulsif. Il y eut un silence momentané puis des murmures sourds, puis de bruyants cris d'angoisse.

Jim se redressa et regarda Sarah. Il ne pouvait pas supporter de la voir en mauvaise posture. Elle lui rendit nerveusement son regard, essayant de simuler un sourire, cachant la terreur qui était en train de l'envahir.

Paul regarda sa montre. S'il avait quatre heures à vivre encore, l'avion traverserait le nuage noir. Muttu et Paul étaient les deux seules personnes calmes dans le vol. Alors que l'avion se précipitait en avant dans des secousses, Paul éclata de rire : « Quatre heures ! J'ai vécu quarante-six ans et il me reste quatre heures avant de mourir ! »

* * *

Le nuage gris foncé se dressait comme un mur dans le ciel. Des éclairs projetaient des traînées électriques en direction de l'avion, comme la langue scintillante d'un serpent affamé. Robert regarda devant lui, pétrifié. Il était en train de perdre la tête. Il devait mourir. Il devait juste déterminer de quelle façon. Il ne voulait pas faire se crasher l'avion et être responsable d'une tuerie de masse. Il pensait plutôt précipiter l'avion dans le nuage électrique, ce qui le débarrasserait de sa responsabilité puisque ce serait une catastrophe naturelle qui les tuerait tous. Tom semblait immobile. Un soulèvement occasionnel de sa poitrine suggérait qu'il était encore en vie, mais sur le point de mourir. La couleur de sa peau était maintenant blanche, comme si son sang l'avait quitté. Son regard était fixe. Des larmes glissaient et zébraient de temps en temps ses joues. La mousse qui avait coulé de sa bouche était sèche, ce qui lui donnait une allure épouvantable.

« Je suis désolé », murmura Robert. « Tout sera bientôt fini », dit-il en regardant les portes de l'enfer s'ouvrir sur un grand nuage noir turbulent avec ses éclairs.

L'avion tremblait déjà violemment comme un agneau devant son sacrifice, craignant de s'effondrer. Le champ magnétique autour du nuage était empli d'une charge électrique prête à déséquilibrer l'avion.

Que se passe-t-il quand un avion entre dans un cumulonimbus ? Peu ont survécu pour le raconter. Ceux qui s'en sont sortis ont été tellement troublés par l'énergie qu'ils ont raconté des histoires contradictoires. Certains ont parlé de lumière tandis que d'autres ont décrit une obscurité pénétrante. Certains ont dit que l'avion avait été comme éjecté de l'atmosphère tandis que d'autres ont affirmé qu'il avait plongé vers la mer, même s'il n'en existait aucune sur leur route. Ceux qui en sont sortis vivants ont eu de la chance, mais leurs témoignages ont semblé trop invraisemblables pour qu'on y croie et ils ont vécu le reste de leur vie comme s'ils étaient coincés dans cet orage.

Des bips signalèrent l'urgence de la situation et se mirent à sonner de plus en plus fort, alors que l'avion s'approchait rapidement des frontières électriques du nuage, d'un gris noirâtre. Un éclair illumina le nuage, aveuglant Robert, comme souriant à sa proie.

* * *

L'avion entier s'était enfoncé dans un vacarme frénétique. Des dieux étaient sollicités, des mains se tenaient serrées, des larmes coulaient et la peur envahissait tous les cœurs, sauf à la rangée 26.

Quelques personnes tentèrent de se lever de nouveau et d'aller dans le cockpit pour demander : « Que diable se passe-t-il ? » Les turbulences et d'autres passagers les en dissuadèrent. Les gens s'observaient les uns les autres, tirant leurs craintes ou leurs espoirs des différentes réactions.

Sarah, comme tout le monde, tremblait dans son siège alors que l'avion était secoué sans cesse.

« Tu as dix-neuf ans ? » Sarah essayait de libérer son esprit des griffes du malaise qui lui brûlait l'estomac.

Personne n'avait de prise sur la situation dans laquelle ils étaient tous englués. Il n'y avait absolument rien à faire. S'engager dans une conversation légère était peut-être un meilleur moyen de faire face à l'enfer qui les attendait, plutôt que se joindre à la vague de terreur et d'anxiété. C'est comme lorsqu'un médecin vous parle pour vous distraire d'une peur irrationnelle de la chirurgie ou même simplement d'une piqûre dans le bras.

La distraction est-elle une solution pour gérer la peur ? La distraction aide-t-elle à surmonter la terreur ? C'est la compréhension qui protège des dangers. Une fois que vous avez compris la situation, vous ne devez plus avoir peur. Le temps et l'énergie que les gens consacrent à avoir peur sont effrayants. S'ils pouvaient dépenser autant de temps et d'énergie à comprendre le problème ou à le résoudre, ils pourraient prendre de la hauteur. Une personne qui n'a pas peur est aussi une personne intelligente qui est dans la compréhension des choses.

Sarah avait besoin de comprendre la fugacité et la fragilité de l'existence humaine. Ce qui a commencé doit finir. Ce qui vit doit mourir. Pourquoi cela fait-il peur ? Si c'est la vérité, qu'y a-t-il à craindre ? La peur est un indicateur du mensonge, d'une demi-vérité. Si Sarah pouvait voir à travers les mensonges et si elle connaissait la vérité sur son éternité, sur son immortalité, elle n'aurait rien à craindre.

Jim semblait à Sarah beaucoup plus jeune. De son côté, il s'efforçait de se concentrer sur les yeux de Sarah. Leurs corps tremblaient sous les turbulences et sa vision devenait floue à cause des secousses. L'avion était sur le point de plonger dans le malheur et Jim trouvait toujours consolation et paix dans la profondeur de ses yeux.

« Tu n'as pas l'air d'avoir dix-neuf ans », dit Sarah en poussant Jim.

« Laisse-moi voir ton passeport. » Sarah était déterminée à ne pas se laisser envahir par la peur pour engager la discussion avec un Jim très impatient. Elle sortit son passeport de la poche du siège.

Paul regardait Sarah intensément. Il pouvait ressentir sa peur et il pouvait aussi sentir sa tentative pour la maîtriser, ce qu'elle avait fait toute sa vie. Le déni et la distraction avaient été la solution à bien des problèmes qu'elle ne pouvait résoudre. Il pouvait également voir Jim créer un environnement rassurant pour Sarah. Jim, qui, comme tout le monde, savait que quelque chose n'allait pas, mais il faisait de son mieux pour que la situation reste légère pour elle.

C'est de l'amour, *c'est de* l'innocence, *c'est* pur, pensa Paul.

« Rendez-le-moi », dit Jim en passant ses bras autour de Sarah pour tenter de récupérer son passeport. Les turbulences, l'instabilité du vol, n'avaient pas ôté de son esprit le plaisir du jeu de séduction.

Les passagers à l'arrière, eux, étaient stupéfaits de voir le comportement insouciant de Sarah et de Jim dans cette situation extrêmement sombre. Ils se disaient qu'ils devaient être drogués, certainement, ou ivres. Leur prêter attention leur faisait oublier leur propre anxiété.

« Rendez-le-moi. » Jim la poussa du coude pendant que Sarah tendait le bras vers Muttu.

« Prenez-le », cria-t-elle au moment où Jim mettait sa main sur son ventre pour la chatouiller.

Muttu prit le passeport, non pas dans l'intention de participer à leur jeu idiot et coquin, mais pour jeter un coup d'œil rapide à la première page. *Jimmy Yale. 6 décembre 1993.* Les chiffres atteignirent Muttu avec une puissance telle qu'il se sentit au bord de la crise cardiaque.

Jim ouvrit sa ceinture de sécurité, se pencha vers Sarah et reprit son passeport à un Muttu horrifié. Jim avait menti. La prédiction était fausse.

Paul vit le visage de Muttu. Ce dernier ouvrit son ordinateur portable, effaça le 1 du 1991 et écrivit à sa place le chiffre 3. Son doigt se mit à trembler lorsqu'il voulut appuyer sur la touche *ENTRÉE* et Paul comprit pourquoi. « Appuyez », exigea Paul alors que Muttu restait figé.

Jim avait menti. Le soulagement de Muttu n'avait été que transitoire. Il avait été heureux à l'idée qu'il y aurait peut-être un destin alternatif puisque l'un d'entre eux allait vivre. Était-il encore prêt à prédire l'avenir de Jim alors que la situation lui avait déjà fait comprendre le résultat ?

« Appuyez », dit Paul, pressant. Il n'avait pas encore fait la paix avec l'idée de sa mort. Il avait souhaité se reposer en paix, mais quand la fenêtre de sa fin s'était ouverte, il se sentait tout sauf en paix à cette idée.

Des cris désespérés ajoutèrent à la tension puis le silence soudain dissipa l'impression de mystère — était-ce la fin ? Les ailes de l'avion battaient comme celles d'un oiseau, menaçant de se détacher. Un sentiment d'urgence montait en chacun, l'adrénaline alimentant le flux sanguin, entraînant un état de stress extrême.

Muttu jeta un coup d'œil vers l'extérieur, attrapa fermement son ordinateur qui vibrait et tressautait sur la tablette, puis leva la main pour appuyer sur *ENTRÉE.*

Sarah et Jim se mirent à rire de cette prétendue erreur du destin qui allait révéler leur avenir. Les nouveaux chiffres défilèrent et la vision de Paul devint floue, comme s'il était en transe, alors que chacun des chiffres se logeait dans les cases que Paul connaissait bien maintenant.

« Il ne lui reste plus que quatre heures à vivre. » Alors même que Muttu venait d'énoncer le verdict sans faille des astres, l'avion fut secoué comme s'il avait heurté un obstacle, comme sur un coup de frein brutal. Des hurlements assourdissants éclatèrent de façon dramatique puis, l'instant d'après, il n'y eut plus que le silence.

Muttu attrapa le bras de Paul alors que l'avion s'inclinait dans un virage à quarante-cinq degrés. Il se mit à chanter rapidement alors que des cris terrifiants résonnaient dans la cabine de l'avion. Que ce soit l'avion qui hurle pour demander grâce ou bien ses passagers, il était impossible de faire la différence.

L'obscurité avait envahi l'avion et la pénombre s'installait tout autour de Muttu. Les commandes électriques clignotaient et les voyants de ceinture de sécurité et d'interdiction de fumer commencèrent à s'allumer et à s'éteindre. L'avion fut à nouveau secoué, se redressa un peu, puis plongea de nouveau latéralement, tournant en rond. Il était pris dans l'orage comme un poisson dans un filet.

Les plateaux et les chariots étaient allés s'écraser d'un côté du couloir de l'avion ; Cathy restait piégée. Le contenu du chariot qui la bloquait commençait à couler, l'empêchant de quitter sa place, immobile. De l'eau jaillissait des conteneurs déverrouillés et coulait à flots vers un côté de l'avion.

Sarah tremblait sans pouvoir se contrôler, entre les bras serrés de Jim. Sa bouche était ouverte, mais elle ne savait pas si les cris qu'elle avait entendus étaient les siens ou ceux des autres. Jim la tenait de toutes ses forces. Il ne laisserait rien lui arriver. Toute son attention était tournée vers Sarah, ce qui faisait de lui la personne la moins effrayée de l'avion.

Une corbeille suspendue craquait sous le poids des sacs qui menaçait de la casser. Muttu vit son couvercle vaciller, il vit la serrure céder alors qu'une vague de sacs dégringolait sur les passagers, blessant gravement certains d'entre eux.

* * *

L'éclair, à quelques mètres, aveugla Robert. Sa force lança l'avion vers le haut et le poussa dans une vrille. Robert saisit l'accoudoir de toutes ses forces en fermant les yeux. Tout serait bientôt fini.

Le tonnerre rugissait dans l'avion, vibrant sur sa coque extérieure de métal alors que la foudre continuait à le faire tourner, le propulsant vers le haut.

Il y a un silence avant la mort. Quand on voit la fin arriver, on finit par se rendre. Les trois cents passagers à bord du SL502 s'étaient rendus. Le seul bruit qui régnait était la rage de la tempête. Les victimes attendaient leur destin en silence.

Les lumières étaient toutes éteintes. L'écran du radar était blanc. Le bip sonore s'était arrêté et tout ce que l'on pouvait entendre, c'étaient les craquements des cieux sous la forme de coups de tonnerre. L'obscurité était davantage la bienvenue que la lumière, car à chaque secousse électrique l'appareil s'inclinait, plongeait, ou tournait encore.

Paul leva sa main gauche et la plaça sur le bras de Muttu. Il lui avait dit la vérité. Muttu avait maintenant le teint jaune pâle. Même dans une situation proche de la dernière heure, il eut la courtoisie de sortir le petit sac en papier de la pochette du siège et de le glisser près de son ventre alors que l'avion tournait en une sinistre ronde. L'avion se remit en ligne droite. Un sac fut projeté du siège avant et Muttu couvrit son visage pour éviter d'être touché par le bagage. C'était un sac ensanglanté, mais le sang sur le sac n'était pas celui de Muttu. Quelqu'un, devant, avait dû être durement touché.

« Je vais dans le cockpit. » Jim posa sa main sur celle de Sarah. Elle était figée par la peur. Il détacha sa ceinture de sécurité.

Il ne pouvait pas juste attendre de mourir. Il devait faire quelque chose. *Que faisait le pilote? Peut-être avait-il besoin d'aide? L'avion était manifestement incontrôlable et le pilote semblait submergé par la situation. Il devait faire de son mieux pour le sauver.* Sa vie aussi était en jeu, pensa-t-il. Jim ne pensait pas à la mort, il pensait à la vie.

Alors que Jim se levait pour venir voir Sarah, il se pencha vers elle. Dans le noir, il l'attrapa par l'épaule. « Tenez-vous bien. Je vais aider le pilote. »

Sarah attrapa Jim par la taille.

« Non », pleura-t-elle. « Ne pars pas. Ne me quitte pas. » Elle l'attira sur elle. Jim s'assit sur le siège, perdant son équilibre et, à cet instant précis, trois rayons mêlés de lumière bleu-verdâtre coururent dans l'allée avec une force aveuglante, puis le tonnerre retentit. L'avion bondit de soixante degrés et s'effondra.

La foudre avait frappé le nez de l'avion à plusieurs reprises et l'avait finalement traversé du nez à la queue. La charge avait été vue et ressentie. La secousse avait infligé un choc électrique aux cœurs de ceux dont les yeux encore ouverts avaient pu assister à cette manifestation de la colère divine. Ceux qui avaient les yeux fermés avaient ressenti sa force comme une gifle, ce qui les avait ramenés à cette réalité: la mort serait dans le prochain baiser.

Jim avait échappé à l'éclair à un pas près. S'il s'était trouvé sur son chemin, il aurait été tué sur le coup. Il essaya de se lever. La foudre pilonna l'avion qui piqua du nez. Jim s'envola, heurta le plafond, puis atterrit aux côtés de Sarah, se cognant la tête contre le siège arrière. Sarah s'accrocha à sa jambe puis à sa poitrine. Elle venait de lui sauver la vie. Un pas de plus dans l'allée et les éclairs de la foudre l'auraient brûlé vif.

Le nuage noir était déchaîné comme une bête en colère.

Est-ce qu'ils montaient, descendaient ou tournoyaient? Personne ne pouvait le dire. Le chaos s'était étendu à tous les passagers de l'avion. Des odeurs de peur et d'urine flottaient dans l'air. Les hurlements s'étaient adoucis. Des murmures et des chants étaient audibles en rythme. Le choc électrique avait secoué deux hommes qui s'étaient effondrés en convulsant. Mais heureusement, aucune vie n'avait été perdue. La décharge électrique lors d'un éclair est assez puissante pour stopper votre cœur et le couper en deux.

L'avion se balançait violemment, comme s'il voulait riposter alors même que ses commandes s'éteignaient rapidement. Avec un éclair de foudre, le cumulonimbus cracha l'appareil dans la direction du ciel bleu.

« Vous avez vu ça ? » demanda le commandant Legrand à son copilote. Les pilotes sont habitués aux phénomènes rares et magiques dans les cieux et « Vous avez vu ça ? » est une question courante à 9 000 mètres d'altitude.

UNE AUTRE CHANCE, UN AUTRE MOMENT DE VIE

Le commandant Holler resta bouche bée sous le choc.

« Est-ce que ce cumulonimbus vient de cracher un Airbus ? » Le commandant Holler appuya sur les boutons du tableau de bord.

La voix grésilla dans le cockpit.

« Nous venons de voir un Airbus Skyline sortir d'un nuage électrique. Ses commandes ont dû griller. Il remonte et prend de l'altitude », rapporta le commandant Holler au contrôle.

Le Contrôle du trafic aérien débordait d'une énergie électrique aussi considérable que celle à laquelle le vol SL502 avait été exposé. La brigade antiterroriste avait pris le relais et une stratégie de négociation avait été élaborée, prête à être exécutée.

Les deux commandants écoutèrent avec horreur lorsque le contrôle au sol expliqua qu'il s'agissait d'un détournement et que l'ATS avait pris le relais.

« Cela ne ressemblait pas à un détournement », dit le commandant Legrand en secouant la tête. « Ça ressemblait plus à un suicide. » Holler tourna la tête pour voir l'avion qui disparaissait rapidement.

« Pourquoi des pirates de l'air iraient traverser un cumulonimbus s'ils voulaient négocier pour leur vie et celles des autres passagers ? » se demanda Legrand.

Il y avait du silence dans l'air et au sol. Le commandant Jack tenta en vain d'avoir l'air de contrôler la situation, rejetant sur l'ATS la responsabilité de récupérer le SL502. L'avion avait été aperçu au nord au-dessus de l'océan Pacifique, faisant une montée rapide et abrupte en altitude.

* * *

« Nous allons mourir ! » Les cris et les gémissements bourdonnaient à travers l'avion.

« À l'aide ! Mon mari ne respire pas. Jack ! Jack ! » cria une dame alors que quelques passagers se rassemblaient autour de son siège pour l'aider.

« Oh mon Dieu ! Oh mon Dieu ! » Sarah commença à trembler.

« Mais appelez ce maudit commandant ! » Un passager se dirigea vers un steward et demanda à parler au commandant. L'hôtesse esquissa un sourire, tout en feignant de rester calme, et l'invita à s'asseoir et à boucler sa ceinture de sécurité. Bien que le personnel de cabine soit formé à la gestion des urgences, en particulier à la gestion des passagers en colère, rien ne les avait préparés à la situation présente.

« Savez-vous que vous allez mourir vous aussi ? » déclara le passager, exhortant l'hôtesse à faire quelque chose.

« Qu'est-ce qui se passe ? »

« Allons-nous nous écraser ? »

« Est-ce que je vais mourir ? »

Les questions envahissaient l'esprit de ceux qui s'efforçaient de ne pas y penser.

Un fil d'espoir flottait dans l'air. Muttu l'attrapa et le relia aux autres. « Ommmm... » fredonna-t-il doucement, le son de la lettre « m » vibrant dans son corps, annulant la force électrique qui lui avait absorbé son énergie. Muttu fredonna « Om » doucement. Le mantra vibrait à chaque fois pendant une bonne trentaine de secondes avant que Muttu ne recommence. La vibration emplissait son corps et son esprit, neutralisant le traumatisme auquel ils venaient juste d'être soumis. Alors que le calme revenait dans l'esprit et le corps de Muttu, son chant se faisait de plus en plus fort, vibrant et pénétrant à travers la terreur qui explosait dans le cœur de chacune des personnes sur ce vol.

« Oooooooommmmmm... » Muttu intensifia son chant. Paul s'était joint à lui. Il tenait le bras de Muttu, affichant support et confiance. Muttu ne broncha pas. Il était plongé dans sa foi, dans son espace d'espoir.

Les cris, les gémissements et les sanglots se noyaient dans le chant. Quelques personnes se calmèrent alors que d'autres tremblaient encore de panique.

Sarah se pencha vers Muttu. Elle ferma les yeux et se connecta à l'énergie qu'il dégageait. Cette dernière pénétra à travers son corps et Jim fut lui aussi aspiré. Il tenait la main de Sarah, instinctivement, et le calme l'envahit. Il s'associa au chant.

Les mains se relevèrent, arrêtant d'agripper les accoudoirs, et se tendirent vers d'autres mains, d'autres âmes, dont la destinée dépendait du destin collectif et du karma de tous ceux qui se trouvaient à bord du vol SL502. Des prières adressées à plusieurs dieux émanèrent de l'avion, envoyant un message d'espérance à tous ceux qui gardaient vivant l'espoir que les passagers pourraient avoir la chance de connaître un autre destin.

* * *

Paul savait que le mot *Om*, lorsqu'il était chanté, avait une valeur mystique pour les Hindous en Inde. L'hindouisme était une philosophie qui se répandait rapidement en Occident.

Paul s'était tourné vers l'hindouisme dans sa quête d'une réponse à la question: « Que me manque-t-il dans la vie, puisque avoir tout réalisé ne me donne plus l'impression de vivre ? »

Il savait que, dans les sectes hindoues, *Om* était présenté comme un objet de profonde méditation religieuse. C'était le plus grand pouvoir spirituel attribué à un seul mot, à un seul chant, *Om*. Selon les écritures hindoues, quiconque connaissait cette syllabe et la chantait avec la résonance correcte obtenait tout ce qu'il désirait. On pensait également que celui qui part, quittant son corps à sa mort, en chantant le mantra *Om*, atteint le but suprême: le salut de son âme.

L'avion vibrait avec le chant, il vibrait d'espoir. Le chant avait gagné en force et en soutien. Quand la fin approche, les gens s'unissent pour tout ce qui leur donne un espoir de survie.

Le vol SL502 était submergé par l'énergie du chant qui invoquait les dieux, attirant leur attention sur une tâche qu'ils avaient probablement oubliée. Après s'être fait malmener par le cumulonimbus, le vol SL502 était réconforté par l'énergie du divin.

* * *

L'avion était stabilisé, maintenant. Les minutes s'étaient écoulées et aucune turbulence n'était venue perturber l'état de paix qui régnait dans le cœur des passagers.

Les commandes électriques étaient toujours hors service, mais l'espoir avait trouvé une nouvelle demeure.

Cathy était immobilisée depuis un moment. Dès qu'elle fut en mesure de le faire, Glenda se précipita à son secours. Elle fit de son mieux pour déplacer le chariot, mais le loquet de sécurité était bloqué, coinçant Cathy contre la porte. Chaque fois qu'elle tirait dessus, le métal frappait Cathy. Elle se pencha et essaya de tirer le chariot par les roues, le déplaçant de quelques centimètres.

« Pousse ! » ordonna Glenda alors qu'elle tirait la roue de toutes ses forces. Elles combinèrent leurs forces pour libérer le chariot de son emprise. Il fallut du temps à Cathy pour se tenir debout. Elle tremblait encore de son épreuve.

« Commandant Joe », murmura-t-elle. Avoir frôlé la mort ne l'avait pas détournée de son objectif. L'objectif est un révélateur d'intention et d'action. Ceux qui définissent bien leur objectif défient également tous les obstacles qui se dressent sur leur chemin. Les objectifs alimentent les actions. Peu importe la profondeur de l'abîme, peu importe la hauteur de la montagne, lorsque la passion est un moteur, les fossés se referment et le chemin est tracé...

Cathy repoussa Glenda et se dirigea vers la cabine de repos. Elle essaya d'enfoncer le bouton et poussa, mais la porte ne bougea pas. Elle tira la poignée plusieurs fois, mais la serrure resta en place. Elle était coincée et Cathy regarda Glenda.

« Peut-être que le commandant Joe l'a verrouillée de l'intérieur... » Glenda était aussi déconcertée que Cathy.

« Non, cette porte n'a pas de serrure. Le commandant Joe a dû avoir un problème, comme Tom. » Cathy essayait de faire un lien entre les deux commandants. Elle tenta de soulever la porte en la frappant plusieurs fois, mais la porte ne bougea pas d'un pouce.

« Peut-être que c'est la turbulence et l'inclinaison », réfléchit Glenda. Cathy la regarda, fronçant les sourcils. Cela pouvait correspondre. L'inclinaison permet parfois au système de ne plus être contrôlé, ce qui déverrouille et verrouille les loquets.

« Peut-être est-il mort ? » dit Glenda, s'accrochant au mur.

« Je pense que oui », dit nerveusement Cathy. Elle se sentit mal. Ce n'était pas un détournement. C'était un meurtre, un suicide, une folie.

* * *

Le commandant Tom avait cessé de respirer. Il restait immobile sur sa chaise. La cornée de son œil gauche était fendue et du sang coulait dans le blanc de son œil. La puissance de la foudre n'avait fait qu'ajouter à la vitesse du poison, lui provoquant un arrêt cardiaque lors du choc.

Le commandant Robert lui, était assis sur son siège, incliné en position fœtale. L'avion était stable à présent et c'était peut-être ce à quoi ressemblait la mort. Robert avait suivi l'éclair et celui-ci l'avait manqué de quelques mètres quand il avait frappé.

Les commandes étaient endommagées. L'écran du radar était vide. Il n'y avait pas de bips, pas de sons ni de signaux. Le pilote automatique était foutu. Il y avait une odeur de caoutchouc brûlé, mais c'étaient probablement des câbles que la foudre avait grillés.

Robert ouvrit les yeux. La lumière du soleil lui piqua les yeux après la longue période d'obscurité et d'enfer. Le ciel était bleu et le soleil brillait lentement, se levant. Qu'avait-il fait ? Il avait apporté avec lui un poison pour se suicider et c'était son copilote qui était mort. Il avait dirigé l'avion dans le nuage orageux, comme en une tentative de suicide, et s'en était sorti. N'était-ce pas son heure de mourir ? Ou bien le karma de quelqu'un d'autre retenait-il ses intentions diaboliques ?

Un calme surnaturel régnait dans l'avion. Tom était mort et c'était une vision d'horreur. Le poison puis la foudre avaient fait sur lui un sale boulot. À l'heure actuelle, les hôtesses de l'air et les passagers auraient dû arracher sa porte. Pourquoi personne ne réagissait-il ? Le commandant Robert s'agita avec inquiétude sur son siège.

Qu'est-ce que je dois faire, maintenant ? La question résonna dans sa tête. Étonnamment, Robert ressentit des regrets. Ce qu'il faisait était-il juste ? Ses actions étaient-elles justifiées ? Sa vie était misérable. Mais les personnes qui l'avaient quitté ne l'avaient pas souhaité. Ses amis étaient morts au service de leur objectif tout comme il servait le sien. Ils étaient morts accidentellement et lui non. S'il était mort dans la collision à la place de son copain, aurait-ce été la faute de son ami ? Pourquoi se faisait-il alors des reproches ? Son ami était mort du fait des circonstances. Quand on s'engage dans l'armée de l'air, on doit faire la paix avec l'idée de sa propre mort et de celle des autres. Le commandant Robert regarda autour de lui, essayant d'éviter de regarder le corps de son copilote.

Qu'était-il en train de lui arriver ? Pourquoi ces pensées s'alignaient-elles logiquement dans sa tête ? Le rationnel et la raison étaient absents de sa réponse émotionnelle depuis de nombreuses années maintenant. Comment lui venait cette soudaine poussée de lucidité ?

Toute sa famille était morte dans un accident de voiture. Était-ce de leur faute s'ils étaient morts ? Ils étaient en route pour un mariage. Et ce furent la mariée et le marié qui assistèrent à leurs funérailles. Tout cela à cause d'un conducteur ivre et irresponsable qui avait non seulement tué la famille du commandant Robert, mais l'avait condamné, lui, à une vie de chagrin et de désespoir. Bien qu'il veuille mettre fin à ses jours et ne pas se réveiller un jour de souffrance de plus, serait-ce une solution à sa douleur de tuer trois cents familles ?

La fin porte avec elle la révélation de la vérité. Nombreux se disent qu'ils devront rendre compte aux portes perlées du ciel. La préparation à ce moment semble commencer dès les premiers signes de la mort. La vérité arrive à se frayer un chemin et l'on peut alors lire à travers les faussetés, les mensonges, les jeux sans importance et les défenses absolument inutiles. Et puis la vie commence à avoir un sens, enfin.

Le commandant Robert se frotta le visage nerveusement. Pourquoi ces pensées infestaient-elles son esprit ? Que devait-il faire maintenant ?

S'il atterrissait en toute sécurité, il serait emprisonné pour le restant de ses jours.

« Est-ce cela que je veux ? » murmura Robert. Vivre en prison serait pire que mourir maintenant.

Peut-être, pensa-t-il, que s'il réparait les dégâts en disant que Tom avait essayé de l'empoisonner, qu'il avait accidentellement échangé le café, puisque Tom l'avait bu, devenant victime de son propre plan, peut-être que cela fonctionnerait comme une histoire en le sauvant, lui, ainsi que les trois cents personnes à bord et les trois cents familles qui les attendaient au sol ?

Mais comment expliquerait-il le fait qu'il avait coupé la radio et n'avait pas répondu au personnel de bord ? Peut-être pourrait-il dire que Tom s'était battu avec lui et l'avait menacé de faire s'écraser l'avion. Cela pouvait être une histoire plausible.

Il pourrait sauver la situation et trouver un moyen de s'en sortir. C'était triste que Tom ait dû mourir, mais trois cents autres personnes ne devaient pas partager le même sort. Il ne le voulait pas. Après tous ces plans et ces manigances, il ne voulait plus mourir. Il était allé aux portes de la mort et en était revenu, et la vie semblait plus savoureuse à présent. Comment peut-on vraiment savoir qu'on veut mourir avant d'expérimenter la mort, ou même seulement de la toucher du doigt ? Le commandant Robert avait failli franchir cette ligne mais voulait s'en garder. Il avait juste besoin d'un plan qui le protégerait de l'enfer qui l'attendait au sol s'il devait survivre.

Il avait une demi-journée pour perfectionner son plan,

créer un mensonge parfait. Ainsi sa vie pourrait continuer, dans la dissimulation. Peu importe s'il passait le reste de ses jours sans vivre vraiment ; il le passerait à cacher la vérité : qu'il avait raté sa vie.

« Mesdames et messieurs, c'est votre commandant qui vous parle. Nous avons traversé une zone difficile et je vous prie de bien vouloir m'en excuser. La situation est maintenant sous contrôle. Restez calme. Nous rentrons à la maison. »

Le commandant Robert pouvait imaginer le soulagement des passagers à bord. Il avait raison. Chacun d'entre eux poussa un soupir de soulagement à l'écoute de son annonce. Cette sensation de soulagement était si intense que l'avion tout entier aurait pu prendre de la vitesse grâce à l'air expulsé collectivement par les trois cents personnes.

Robert posa les mains sur les commandes. Aucune d'elles ne semblait fonctionner. Il essaya de faire virer l'avion, les commandes étaient mortes. Il essaya de pousser les gaz pour augmenter la vitesse, c'était mort. Il essaya de réduire l'altitude, de l'élever — rien ne changeait. Le commandant Robert avait vu la foudre traverser l'avion. Cela signifiait qu'elle avait dû frapper le nez plus d'une fois. C'est la raison pour laquelle les nez des avions sont équipés de courroies résistant à la foudre. Si la foudre frappe les commandes d'un avion, il est mort.

Robert alluma la radio, les mains tremblantes. Chaque mot qu'il allait prononcer ici pourrait être utilisé contre lui et le serait.

Une fois encore, il décida de faire ce qui était juste, mais de la mauvaise façon.

« Le SL502 entre en contact », dit-il nerveusement en attendant une réponse. Il n'y en eut pas. Toutes les connexions électriques étaient mortes.

* * *

Des applaudissements résonnèrent dans l'avion. Avec des bénédictions et des gestes de gratitude envers cent dieux différents. Peu de gens ont une seconde chance. Pour certaines personnes comme Glenda, c'était la énième. Avec elle, la peur et l'intégrité ne duraient pas longtemps. Quand les choses et la vie redevenaient normales, elle redevenait irresponsable.

Sarah et Jim s'étreignirent. « Je vous avais dit que tout irait bien. » Jim profitait de la situation. Il avait montré son courage et sa bravoure, et la situation s'était finalement arrangée, comme il l'avait prédit.

Paul laissa échapper un soupir de soulagement, tout comme Muttu. Ils se regardèrent nerveusement. Ils avaient traversé un moment d'extrême vulnérabilité. Deux hommes, tous deux brillants, tous deux spirituels, partageaient les mêmes points de vue sur la vie et la mort et ils venaient de traverser la même expérience. Était-ce une coïncidence, ou était-ce censé en être une ?

Quelques passagers s'étaient levés et remerciaient Muttu. Ils attribuaient le changement du destin à la force de ses chants. Ce qu'ils avaient vécu était un pur miracle.

Muttu était embarrassé par toute cette attention. Il ne voulait pas tirer parti de la situation, car cela ne ferait que renforcer sa responsabilité à l'avenir. Il n'avait fait que ce qu'il savait faire le mieux : capituler.

« Vos vibrations, vos chants ont eu un effet positif, Muttu. La source de ce miracle, c'est vous », Paul tenait le bras de Muttu qui ne faisait que grimacer sous les compliments.

« Avec vous, notre avenir est en sécurité », Paul regardait par la fenêtre. Le ciel était exceptionnellement calme. Il n'y avait en vue aucune trace de nuages électriques. Le ciel était ouvert, avec une indubitable aura de divinité.

« Pourquoi ne regardez-vous pas votre propre avenir, Muttu ? » Paul posa la question que personne n'avait osé poser à Muttu, tout au long de sa carrière.

« Je ne peux pas », dit Muttu en secouant la tête.

« Et pourquoi pas ? » demanda Paul. Pourquoi Muttu ne pourrait-il pas consulter son propre destin ? Cela n'avait pas de sens.

« Parce que je ne veux pas être absorbé par moi-même. N'est-ce pas ce que tout le monde fait ? Les gens sont tellement épuisés à gérer leur propre survie et leurs problèmes qu'ils cessent de vivre. Ils sont tellement submergés par leur propre sentiment d'insécurité qu'ils viennent à moi. Si je vois mon avenir, je deviendrai l'un d'eux. Je veux laisser ma vie me dévoiler elle-même ce qu'elle me réserve. Je traite mon présent avec grâce, humilité et sincérité. Je fais ce qu'il faut au mieux de mes capacités et de mes connaissances. Mon avenir est une réponse à qui je suis et à ce que je fais aujourd'hui. Je me fiche de ce qui m'attend demain. Je vis aujourd'hui au service des autres et mon métier n'est pas à mon service », expliqua Muttu.

« Mais vous voyez que nos destins sont étroitement liés. Je vais mourir... » Paul regarda sa montre « ... dans trois heures. Sarah et Jim vont également mourir dans trois heures. Ne voulez-vous pas connaître la fin et l'embrasser ensuite, si c'est le seul avenir que votre destin vous réserve ? Comment saurez-vous si vous devez vous rendre ou lutter pour votre survie ? » La voix de Paul tremblait.

Muttu était perdu dans ses pensées. Sa fin était proche, mais voulait-il que son ordinateur le lui prouve ? Cette information lui servirait-elle ? Que ferait-il si les étoiles montraient qu'il n'avait, comme le reste des passagers de la rangée, plus que trois heures à vivre ? Cela changerait-il sa vie dans les trois prochaines heures ?

Il ouvrit son ordinateur portable et entra sa date de naissance. Paul était de six ans plus jeune que lui. À cinquante-deux ans, la vie l'avait bien servi. Les chiffres étaient prêts et la main de Muttu tremblait d'appuyer sur la touche *ENTRÉE*.

Paul lui laissa du temps. On ne peut pas pousser les gens à voir leur avenir.

L'index de Muttu était posé sur *ENTRÉE*. Un peu plus de pression sur la touche ferait s'envoler les chiffres jusqu'aux étoiles, pour les consulter, puis les ferait s'aligner. Muttu n'avait pas besoin d'un ordinateur pour savoir où les chiffres allaient atterrir. Il n'avait pas besoin que les étoiles lui disent quel cadre contenait son destin. Il n'avait pas besoin de savoir. *Il savait déjà.*

Muttu referma brusquement l'ordinateur.

* * *

Glenda avait continué à communiquer par téléphone avec le personnel de bord des classes business et économique, son inquiétude et son désespoir s'amplifiant à chaque appel. Elle décrocha le combiné, mais avant qu'elle puisse saisir le code du poste de pilotage, Cathy attrapa sa main et remit le combiné sur son support.

« Fais confiance », dit-elle en plaçant une main sur l'épaule de Glenda.

Elle se dirigea vers la cabine de repos et essaya d'ouvrir à nouveau la porte. C'était fermé.

Où est Paul ? L'attention de Glenda revint finalement vers le passager de ses rêves. « Dois-je l'appeler ? »

Elle posa la question à Cathy. Cathy semblait toujours être la plus raisonnable des deux et Glenda approuvait souvent ses décisions.

« Laisse-moi vérifier avec les hôtesses de classe éco. » Cathy prit le téléphone, parla puis fit un signe du pouce à Glenda. Paul était bien en classe éco, assis au 26 F, pas pressé et sans intention de retourner dans la *business class* d'où il venait.

Glenda se dirigea vers la cabine de repos. Le commandant Joe devait être mort ou inconscient. Il n'avait fait aucun effort pour sortir. Il ne pouvait pas être tombé dans un sommeil aussi profond, au point de ne pas se réveiller pendant l'épisode du nuage électrique. Mais s'il était en vie ?

Glenda arracha une épingle à cheveux de son chignon. Elle était douée avec les serrures. C'était dans sa nature de s'en sortir, que cela lui plaise ou non. Elle planta l'épingle dans l'espace entre la porte et le loquet. Elle la tordit. C'était coincé. Ce n'était pas verrouillé. C'était coincé. Elle essaya encore à plusieurs reprises, mais le loquet resta en place. Son épingle à cheveux se tordit encore et c'est une Glenda frustrée qui retourna s'asseoir à sa place.

* * *

Muttu continuait à regarder l'écran de télévision vierge face à lui. Paul le laissait dans sa bulle. C'est le plus grand respect que l'on puisse accorder à un autre : l'intimité de son espace, le temps de son silence. Quelque chose avait changé dans sa vibration. Il ressemblait à un homme prêt, prêt pour tout avenir qui l'attendait.

Muttu se retourna et regarda Sarah. Ses yeux étaient étroitement fermés, toute son attention dirigée vers elle-même. Quelque chose se passait dans sa tête et ce n'était pas Mike. Elle pensait à son livre, à son projet. Elle adorait écrire et avait cessé de le faire, en se basant sur les pensées de quelqu'un d'autre.

Pouvait-on abandonner son enfant si quelqu'un d'autre ne l'aimait pas ? Pouvait-on abandonner ce qu'on aimait le plus si quelqu'un d'autre ne l'aimait pas ? L'esprit de Sarah était animé par son objectif. Pourquoi avait-elle soumis ses rêves à l'approbation de quelqu'un d'autre ? Comme elle avait été idiote ! Il avait fallu un astrologue sur un vol pour lui dire que son rêve était vivant et que c'était elle qui était en train de le tuer.

Muttu tapota l'épaule de Sarah dont les yeux injectés de sang s'ouvrirent. Les larmes coulèrent de ses paupières dans un long sanglot.

« Je vais écrire le dernier chapitre », dit-elle. « Merci. »

Muttu fut surpris par son propre geste pour Sarah, car il sentait qu'il devait lui consacrer de son temps. Il savait qu'il ne lui restait plus beaucoup de temps et qu'il pourrait rendre ses dernières heures plus longues en mettant un peu de son énergie dans sa vie.

« Je peux voir le futur », dit-il à Sarah.

« Les chiffres me montrent le temps qu'il reste. J'ai passé toute ma vie à montrer aux autres ce qu'ils craignaient le plus, leur avenir. Parfois, je me retenais d'annoncer la mauvaise nouvelle et quelquefois, je mettais plus d'espoir qu'il n'y en avait. Ma deuxième petite-fille est née il y a sept jours. Elle va grandir pour devenir guérisseuse. Elle a un don très spécial. Elle peut percevoir l'énergie et la déplacer. Le monde entier bénéficiera de sa présence. Mon fils a beaucoup de difficultés et va rentrer en Inde. Ce sera mieux pour sa vie. Je ne lui ai pas dit cela parce qu'il n'est pas prêt à regarder le futur. Il n'arrive pas à accepter le présent. Ma fille souffre parce qu'elle crée des réalités négatives dans son esprit. Si toute la réalité est d'abord créée dans l'esprit, pourquoi ne pas en créer une positive ?

Pourquoi se plaindre de l'état du monde ? Si nous pouvions simplement assumer la responsabilité de nos états d'esprit, le monde ne les refléterait-il pas ? Ma femme approche de son heure. Je ne veux pas voir quand. C'est la femme que j'admire le plus et la seule que j'ai jamais aimée. Elle prend soin de moi à tel point que je ne saurais pas quoi faire de moi-même si elle me quittait. J'ai toujours prié pour m'en aller avant elle. Elle est beaucoup plus forte que moi. » Muttu s'arrêta de parler et Sarah attendit, lui tenant la main. Des larmes commencèrent à couler de ses yeux, mais elle réprima ses sanglots.

Ces larmes n'étaient pas pour elle, elle devait aider Muttu à alléger son cœur. Elle tenait la main de Muttu.

« Ma vie a été entièrement consacrée aux chiffres — le sept a été mon chiffre le plus chanceux, le plus favorable selon mon thème astrologique natal. Par coïncidence, le vol dans lequel je suis monté était le SL502. Rien de diabolique ou de négatif ne peut m'arriver tant que mon chiffre est le sept. J'ai foi en cela, j'ai foi dans la conviction que j'ai vécu ma vie entière avec ce chiffre. Comment la mort peut-elle alors être négative ou diabolique ? » Le regard de Sarah était fixé à celui de Muttu. Elle l'écoutait attentivement. Son accent indien n'était plus une gêne, elle le comprenait parfaitement.

« Mes chiffres montrent que mon avenir est sûr et certain, comme celui de tous les autres. Cela dépend jusqu'où vous pouvez voir votre futur. J'ai vu un avenir — le mien — au-delà de la mortalité de mon corps, au-delà de cette vie, et il est sans danger. Quand mon corps mourra, j'avancerai dans un futur et en construirai un autre, ou pas. »

Les passagers des rangées devant et derrière eux étaient également à l'écoute du récit de Muttu. Ils avaient vécu un enfer puis ils en étaient revenus ensemble, et un retour vers un état de paix semblait s'être amorcé à la rangée 26. De temps à autre, l'attention se concentrait sur la rangée d'où semblait émaner la présence divine.

« Que me réserve encore mon destin ? » Muttu se tourna vers Paul, qui se passa de permission pour participer à la conversation. Il était déjà là, penché, impliqué.

« Je me souviens d'une histoire qu'un de mes gourous m'a racontée » s'étrangla Muttu, alors que toutes les oreilles étaient grandes ouvertes dans sa direction.

« Il raconte l'histoire de son gourou », murmurèrent quelques passagers.

« Chut », firent d'autres pour les faire taire, essayant d'entendre l'histoire.

« Il y avait un petit village en Inde près du Rajasthan. Sur le chemin du temple du village se trouvait un homme d'âge moyen appelé Gopi. Il portait des vêtements en lambeaux, comme quelqu'un qui a perdu tout intérêt pour la vie. Personne ne l'avait vu auparavant ; il semblait être apparu dans le temple pendant la nuit. Il ne ressemblait pas à un mendiant, car il n'avait ennuyé personne se rendant au temple. Il n'avait pas demandé l'aumône. Il était juste assis là à observer, le regard dans le vague.

Les jours passaient. Certains disaient qu'il attendait que quelque chose se produise ; d'autres, qu'il attendait que quelqu'un arrive. Il y avait de nombreuses rumeurs sur le motif de sa présence.

"Que faites-vous ici ?" lui demanda finalement le grand prêtre du village.

"J'attends mon heure", répondit-il, décidé. C'était un but que personne ne comprenait.

"Il attend de mourir", interprétaient certains. D'autres pensaient que c'était un érudit qui attendait son heure ou un dieu qui prenait son temps pour se manifester.

"Je vais appeler le Dieu du Temps pour vous. Votre temps viendra", promit le prêtre, et il retourna au temple. Il invoqua le dieu gardien du temps pour répondre à l'étrange sollicitation de cet homme. À l'aube, le Dieu du Temps fit son apparition à la demande du grand prêtre.

"Je suis venu", dit-il, annonçant sa présence. "Que veux-tu" ? demanda-t-il à Gopi.

"Je t'ai attendu pour que tu prennes ma vie", dit l'homme en inclinant doucement la tête, demandant le terme de son existence.

Tout le village avait le souffle coupé devant cette requête. Avec les centaines de rituels qu'ils accomplissaient tous pour rester en bonne santé et avoir une longue vie, ils avaient devant leurs yeux un homme qui priait pour le contraire.

"D'accord. Je vais t'accorder la mort que tu désires. Vu ton karma, le plus rapide que je puisse faire est de te prendre dans trois mois", annonça le Dieu du Temps.

"Trois mois ?" protesta Gopi. C'était apparemment trop long pour lui.

"C'est le temps qu'il faudrait pour que tu meures d'insuffisance hépatique ou rénale si je déclenchais ton horloge maintenant", expliqua le Dieu du Temps.

Gopi y réfléchit. Il pouvait voir les trois mois de douleur et de maladie. Il pouvait imaginer l'agitation physique et mentale qui résulterait d'une défaillance d'organe. Il pouvait percevoir le défi spirituel que ce serait de survivre à la désillusion que cette terrible façon de mourir lui apporterait chaque jour. Il ne s'agissait pas de mourir après trois mois, mais de mourir tous les jours pendant trois mois.

"Donne-moi une meilleure option, Seigneur du Temps. Quelque chose de rapide. De très rapide" demanda l'homme. "Mieux vaut mourir avec une raison précise que vivre à la merci des circonstances. Donne-moi une cause pour laquelle je pourrais mourir."

"Je dois m'occuper de six personnes demain soir, dans le troisième village en partant d'ici. C'est un groupe qui va tenter de rediriger le fleuve Saraswati vers son village. Ils vont prendre énormément de risques et vont finir par abandonner au péril de leur vie, tout cela pour réussir à amener l'eau dans leur village pour que leurs semblables puissent vivre. Si tu arrives à échanger ta place avec l'un d'entre eux, tu pourras alors faire partie du groupe que j'ai prévu de recueillir." À ces mots, le Dieu du Temps disparut aussi mystiquement qu'il était apparu.

C'était la première fois que les gens voyaient de la joie sur le visage de l'homme. Il était ravi que son heure soit venue. Il était prêt à se diriger vers le troisième village et à mettre fin à ses jours. En guise de cadeau de départ, les villageois offrirent à cet homme en route vers l'autre monde un cheval pour qu'il puisse se rendre à temps au troisième village afin de mettre fin à son existence.

Gopi chevaucha toute la nuit sans relâche et arriva à l'aube au troisième village. Une aura de mort planait sur le village. On aurait dit qu'il n'y avait pas d'habitants. Le sol était sec et fissuré. Il n'y avait aucun signe de vie ni de végétation. Les arbres secs étaient tombés à intervalles réguliers. Le squelette d'une vache, près de la place du village, ajoutait à la fantasmagorie de la région. Gopi continua dans les rues désertes. Il entendit ensuite des sons de tambours et fit tourner son cheval dans cette direction.

Un feu émanait d'une épaisse fumée noire alors qu'un petit groupe de villageois battait le tambour furieusement. La troupe était constituée d'hommes, de femmes et de quelques enfants. Ils priaient fort le Dieu de la Pluie et le Dieu des Rivières de leur envoyer de l'eau.

Gopi vit six hommes se porter volontaires.

"Amenez-nous Saraswati. Sauvez nos vies." Les villageois commencèrent à les décorer de lignes de cendres colorées et de fils de prière. C'étaient les hommes qui allaient passer par le pays du Puissant Serpent et rediriger la rivière Saraswati afin que le village et les vies restantes puissent être sauvés.

"J'irai", interrompit Gopi.

"Mon temps est venu. J'irai !" proclama-t-il.

Une jeune femme se précipita et tira son mari hors du groupe des six volontaires.

Les villageois jetèrent un coup d'œil à Gopi et crièrent à l'unisson : "Que l'eau revienne !"

Puis les cinq hommes et Gopi se mirent à galoper vers les collines, laissant derrière eux un nuage de poussière. Quand le calme revint, les hommes étaient partis.

Le fleuve Saraswati contenait assez d'eau pour alimenter le pays tout entier pendant cent ans, sans parler du troisième village. Les villageois avaient déjà construit un canal qui devait leur fournir de l'eau en abondance, mais le Puissant Serpent bloquait la route menant à ce passage. Il suffisait de détruire l'obstacle à la rivière et il y aurait de l'eau.

Le Puissant Serpent était le Roi Cobra, le serpent à sept têtes, béni par les dieux de l'immortalité tant qu'il restait à l'abri de l'eau. Les objectifs du Puissant Serpent et des villageois étaient en opposition, celui de chacun étant lié à sa propre survie.

Le Puissant Serpent avait déjà senti l'arrivée des six hommes et les attendait à la limite de son territoire, à un kilomètre de distance du fleuve Saraswati.

"Vous êtes de retour ?" hurla-t-il, les yeux de ses sept têtes crachant du feu. "Retournez en arrière sinon je vous réduis en cendres, comme vos prédécesseurs." Le serpent de quinze mètres souleva ses sept têtes, dominant les cavaliers.

Cinq d'entre eux tirèrent les rênes de leurs chevaux et stoppèrent leur chevauchée. Gopi cependant continua à trotter vers lui.

"Arrête-toi avant que je ne mette fin à ton existence", menaça le Puissant Serpent, annonçant à Gopi que son heure était arrivée. Gopi sourit au majestueux serpent perplexe. Cet homme n'avait-il pas peur de lui ? Cet homme n'avait-il pas peur de mourir ? Qui était-il ?

"Arrête-toi !!!" Le Puissant Serpent siffla un autre avertissement tout en déployant sa tête sur quelques mètres.

"Ô Puissant Serpent ! Ô Immortel ! Le troisième village est en train de mourir. Ils n'ont pas d'eau. Il ne reste que quelques hommes avant que leur existence ne soit effacée elle aussi. Ils ont besoin d'eau." Gopi expliqua la raison de sa présence, alors que les cinq cavaliers attendaient le verdict final.

"Si je libère l'eau, je mourrai." Le Puissant Serpent se déploya plus près du sol pour mieux observer ce petit homme frêle qui avait le courage de s'approcher de lui.

“Et si tu ne le fais pas, ils mourront, Ô Serpent Puissant”, répliqua Gopi.

“Si quelqu’un doit mourir, qu’il en soit ainsi”, renchérit le Puissant Serpent, planant au-dessus de Gopi.

“Ils sont déjà morts. Beaucoup d’entre eux. La plupart d’entre eux. Quelques semaines de plus et le troisième village n’existera plus. Et alors, le même sort arrivera au quatrième village et ensuite au cinquième. Ils ont besoin d’eau.” La voix de Gopi devint douce. Il défendait des personnes qu’il n’avait jamais rencontrées. Il parlait au nom de ceux qui avaient perdu la vie dans une douleur qu’il ne voulait pas ressentir. Beaucoup n’avaient pas eu la chance de mourir dignement ni même de vivre dignement. Il n’avait pas besoin de les connaître pour les comprendre et ressentir leur misère. Ceux qui restaient voulaient vivre. Ils voulaient de l’eau.

“Laisse l’eau venir, O Puissant. Laisse-les vivre.” Gopi joignit ses mains en signe de prière.

“Pourquoi devrais-je mourir ?” dit le Serpent Puissant en reniflant.

“Parce que la vie ne doit pas être protégée. La vie doit être vécue. Que fera-tu de ton immortalité si ta vie ne sert à rien ? Que feras-tu de ta vie quotidienne si chaque jour marque la fin de plusieurs autres existences parce que tu vis ? Tu as déjà vécu pendant des milliers d’années. Tu as vu tout ce qu’il y avait à voir. Tu as entendu tout ce qu’il y avait à entendre. Tu en sais plus qu’eux. L’immortalité est une aubaine lorsqu’elle est accordée dans un but précis, mais une malédiction quand ce n’est plus le cas”, déclara Gopi, étouffé par ses propres mots.

“Pourquoi devrais-je me soucier de leur vie ?” Le Puissant Serpent s’inclina, allongeant la queue en direction de Gopi.

Gopi descendit de son cheval et monta sur la queue du serpent. D’un coup, ce dernier le souleva au-dessus du sol et l’amena face à ses sept têtes.

“Tu devrais t’en soucier parce que tu es toi. Tu n’as pas besoin de connaître les gens pour leur permettre d’avoir une vie plus longue, leur transmettre de l’amour. Tu le fais parce que tu es ce que tu es — tu dégages cela. Le soleil ne choisit pas à qui profite sa lumière et ses rayons. Le soleil brille parce que sa fonction est de briller ; il peut aider, mais il répand sa chaleur avant tout. Celui qui en guérit le fait de façon fortuite, le soleil ne l’a pas fait de façon intentionnelle, cela fait partie de lui”.

“Pourquoi devrais-je m’en soucier ? Quelqu’un s’est-il déjà soucié de moi ?” La tête du Puissant Serpent s’affaissa. On lui avait accordé l’avantage de l’immortalité, mais, sans amour, l’immortalité est une malédiction. La qualité de la vie n’est pas déterminée par sa longueur. Même quelques instants d’amour comptent davantage qu’une éternité sans amour.

“Personne ne s’est jamais soucié de moi” siffla le Puissant Serpent. Il avait vécu une vie en vase clos. Tout le monde le craignait. Personne ne l’avait approché. Et quand quelqu’un le faisait, il ne rentrait jamais vivant chez lui.

“Moi, si.” Gopi tendit la main au Serpent Puissant. “Oui, je me soucie de toi”, dit-il.

Le Puissant Serpent resserra son étreinte autour de Gopi cependant que les sept têtes se rejoignaient pour n’en faire plus qu’une seule. Ses yeux se rétrécirent alors qu’il approchait sa queue de ses yeux. Gopi se tenait près de son visage, se balançant à chaque respiration du Puissant Serpent.

“J’irai avec toi.” Gopi se frotta le nez, alors que le Puissant Serpent étirait sa langue dans un sifflement soudain.

“J’irai avec toi”, répéta Gopi. “Si tu peux donner ta vie pour les autres, alors je peux donner ma vie pour toi. Je ne te demande pas de renoncer à ta vie. Je te demande de sauver la vie de mille autres personnes. Je suis disposé à t’accompagner dans le voyage qui t’attend loin de cet esclavage. L’immortalité n’est pas ce dont tu as besoin, c’est la liberté que ton âme attend. Allons-y. Laisse-les vivre jusqu'à ce qu'ils découvrent par eux-mêmes que sauver leur vie est la chose la plus déconcertante qu'il soit. Vivons. Vivons au-delà du besoin d'eau, du besoin de soleil, du besoin de nourriture. Vivons pour l'amour et pour la liberté".

Le Puissant Serpent ferma les yeux et inclina la tête. Une grosse boule de larmes roula et éclaboussa le sol desséché. Les éclats des gouttes brûlèrent la peau du Puissant Serpent et ce dernier se contracta de douleur. Une autre grosse larme s'était formée et Gopi mit ses mains en coupe pour l'attraper et lui éviter la douleur.

"Donne-leur de l'eau", siffla-t-il, une grande vague de larmes jaillissant de ses yeux.

"Donnez-leur l'eau !", cria Gopi aux cinq hommes chargés de retirer les blocs du canal et de libérer le fleuve Saraswati.

Une énorme vague de raz-de-marée se forma dans le fleuve, permettant à Saraswati de reprendre sa fonction naturelle : créer de la vie. Alors que l'eau grondait, elle engloutit les cinq cavaliers dans ses profondeurs puis les rejeta à la mer, respectant ainsi leur rendez-vous avec le Dieu du Temps.

Un flot de larmes coulait des yeux du Puissant Serpent dont Gopi tenait fermement la tête, son propre visage à quelques centimètres de l'œil droit du serpent.

"Merci", dit-il, embrassant sa tête.

"Merci de m'avoir aidé à réaliser qu'une vie sans raison d'être, c'est la mort. J'attendais de mourir, car la vie n'avait aucun sens pour moi. C'était la mort. J'attendais. Tu m'as aidé à réaliser que notre raison d'être, c'est la vie ; la mort n'est qu'une conséquence temporaire du corps. Je ne meurs pas aujourd'hui. Je suis libre. Et je viens avec toi."

Le Puissant Serpent enroula sa queue autour de Gopi pour tenter de le protéger de l'enfer qui se libérerait avec force quelques secondes plus tard. Lorsque la vague s'écrasa sur eux, tout fut terminé en quelques secondes. Les immortels, le Puissant Serpent et Gopi avaient fusionné dans le fleuve Saraswati, pour l'éternité. »

Le sang dans le bras de Muttu avait cessé de circuler tellement Sarah l'avait serré fort. Des traces de larmes brûlaient ses joues. Ce n'étaient pas des larmes de peur, c'étaient des larmes de compréhension, des larmes de liberté.

Paul regarda Muttu, inexpressif. « Vous saviez que vous alliez mourir quand vous avez pris ce vol », marmonna-t-il de manière inaudible. « Vous saviez que nous allions tous mourir, n'est-ce pas ? » murmura-t-il.

Paul avait vu la vérité dans les yeux de Muttu. Il l'avait entendue dans sa voix. Il avait reçu cinq sur cinq le message de son histoire.

« Oui » dit Muttu, le regardant intensément. « Mais j'espérais pour la première fois que ce que j'avais vu serait faux, qu'il y avait un avenir alternatif pour moi et pour tous les autres. Cela m'a rendu nerveux. J'ai tout laissé derrière moi. J'ai réglé tous les problèmes. Mais alors, il y a toujours une envie pressante de se raccrocher à ce qui est destiné à finir, et de ne pas le lâcher. J'espérais au-delà de l'espoir que j'avais tort. Je me suis tourné vers Sarah, mais le futur à venir est resté inchangé. La façon dont la fin se déroule est un facteur de circonstance. Qu'elle se déroule, à mon avis, est une certitude », fit Muttu. « Mais... » sa voix devint douce, « ... je peux voir un nouveau commencement après que tout est terminé. Même si je suis toujours obligé par mon instinct à ne pas lâcher ! »

« J'irai avec vous. » Muttu regarda vers Paul. Il avait envie de dire la vérité à Sarah et Jim, mais il ne voulait pas perturber leur espoir. Ils n'avaient pas besoin de savoir. Ils n'étaient pas prêts.

« Vous êtes un homme bon. Votre vie et le sens de votre vie ont aidé énormément de gens. J'irai avec vous. Non pas parce que c'est mon destin, mais parce que j'ai choisi de le faire. »

* * *

Le commandant Jack sirotait son septième café.

« Oui, sur le Pacifique, 180 degrés de latitude ? » Il donnait des instructions au responsable ATS. « La radio est toujours éteinte et nous n'avons aucune visibilité radar. L'Airbus pourrait être n'importe où maintenant. Nous devons agir vite. »

Le Bombardier E-9A avait été mobilisé pour suivre l'évolution du vol SL502 et établir un contact radio pour la négociation. Deux généraux formés à la lutte antiterroriste étaient à bord de l'avion qui fendait le ciel en direction de l'océan Pacifique.

La liste complète des passagers se trouvait sur le bureau de Jack et les noms avaient déjà été passés au crible dans la recherche d'antécédents criminels. L'information avait été dissimulée aux médias et ne serait rendue publique que si le vol n'atterrissait pas à New York.

Le Bombardier E-9A est l'un des avions de combat les plus rapides de l'armée américaine. Lorsqu'un pilote prononce le mot « aide », l'ATS prend cela très au sérieux. Le Bombardier suivrait le vol afin que sa localisation puisse être envoyée au CTA. Il serait connecté au sol pour garantir que toutes les négociations puissent être traitées, afin de sauver la vie des trois cents passagers à bord.

* * *

Le commandant Robert regardait le ciel devant lui. Il n'avait aucune idée de l'altitude à laquelle l'avion volait. Il l'estimait à dix mille mètres ou plus. Ce qui le déroutait le plus était que l'avion continuait à monter. Pourquoi montait-il encore ?

La foudre avait projeté l'avion vers le haut et c'était une très lente et sinistre ascension. Heureusement, pour les trois cents passagers, les commandes s'étaient bloquées lors de la montée. Si elles avaient été bloquées dans la descente, l'avion serait tombé au sol en quelques minutes. Le commandant Robert avait besoin de reprendre le contrôle rapidement. Il continuait à manipuler les commandes dans l'espoir que le circuit se remettrait en place. La foudre provoque cet effet sur l'électronique. Combien de temps la panne durerait-elle ? Personne ne pouvait le dire.

La préoccupation immédiate du commandant Robert était d'élaborer son histoire, celle qui devrait assurer sa survie. Il avait été dans l'armée de l'air pendant assez longtemps pour connaître la mécanique de sanction. Il connaissait les questions, les éléments qui susciteraient des suspicions et il commençait donc à s'y frayer un chemin. Si quelque chose tournait mal, son plan était de se suicider.

Le commandant Robert manipulait agressivement les commandes. C'est la voix émise par la radio qui le fit retomber dans son fauteuil. Lorsque vous avez un homme mort à quelques centimètres de vous, n'importe quel son d'origine humaine peut vous provoquer une crise cardiaque.

« Vol SL502. Vous me recevez ? » La voix crépita.

Le commandant Robert était abasourdi. Il ne s'attendait pas à ce que la radio refonctionne. L'écran du radar était toujours vide. Avait-il rêvé cette voix ? Il resta silencieux.

« SL502, à vous. Vous me recevez ? » crépita de nouveau la voix.

* * *

« Que voulez-vous dire, Muttu ? » Paul le regarda, confus. Muttu n'avait pas appuyé sur la touche *ENTRÉE*. Il n'avait jamais lu ses chiffres. De quoi parlait-il ? Comment pouvait-il dire qu'il allait mourir ?

« Je suis né avec un don », dit gravement Muttu. « Je peux prédire le futur. Je peux regarder une personne, entendre sa voix, entendre la mention d'un événement et je sais. C'est comme si j'étais à l'écoute de tout le monde et de tout. Mes capacités ont commencé à effrayer mes copains et ils n'ont plus voulu être amis avec moi. Quand j'avais cinq ans, j'ai prédit la mort de mon grand-père et mes parents m'ont rejeté comme si j'étais le mal en personne. Plus tard, quand mon grand-père est mort comme je l'avais vu, ils ont dit que c'était à cause de mon mauvais œil. J'ai appris très tôt à rester silencieux — à savoir et à ne pas dire.

En grandissant, j'ai compris que mes capacités, mon don, avaient une utilité. Si je peux vous prédire qu'il y a des problèmes qui arrivent, cela ne les évite pas, mais cela vous prépare. Une personne avertie est mieux lotie qu'une personne non préparée. J'ai appris que si je pouvais vous dire ce qui vous attend, vous pourrez alors apporter les changements nécessaires pour mieux y faire face.

Je me suis donc fait aider par mon ordinateur et par mes chiffres, même si je n'en ai pas besoin. Je les utilise pour être certain de rester humain. Avec les prédictions que je fais, si quelqu'un savait que c'est *moi* qui les fais, on me donnerait un statut de demi-dieu. Je ne suis pas un dieu. Je suis comme vous et tous les autres. La seule différence est que j'ai conservé mes pouvoirs et que vous, vous les avez oubliés.

Je n'ai pas besoin de mon ordinateur portable pour connaître mon destin. Je sais, tout simplement. Cependant, autant que je sache, et alors que je le sais depuis l'âge de quatre ans, je dois avouer que mon objectif dans la vie n'est pas encore atteint. Et donc, pour la première fois, je voulais un moyen de m'en sortir, pour vérifier si, pour une fois, je pouvais me tromper », sourit Muttu.

« Allons-nous tous mourir ? » lui demanda Paul avec hésitation.

« À ce stade, je n'ai pas besoin de mes compétences. J'ai besoin d'un but pour pouvoir planifier mon départ et pour le futur qui m'attend. » Muttu semblait grave, évitant la question de Paul. Il avait déjà affaire à une vérité trop lourde pour lui et ne voulait pas alourdir son fardeau.

* * *

Glenda et Cathy avaient eu la vie facile en première classe. Le personnel de bord de la section économique était sur le qui-vive pour s'occuper des passagers qui semblaient les sonner toutes les cinq secondes.

« Dois-je appeler le cockpit ? » demanda Glenda. Elle voulait voir le commandant Robert par elle-même pour s'assurer que tout allait bien.

Il pourrait avoir faim, se dit Glenda. Alors, il appellera. Quelque chose avait changé. Le commandant se comportait étrangement. Le copilote Tom également agissait de façon bizarre. Quelque chose était arrivé, quelque chose de terrible. Mais... Cathy pressa la main de Glenda : « Les choses ont changé maintenant. Ne le dérange pas. Laisse couler. Si le commandant Robert a besoin de nous, il sonnera. N'a-t-il pas communiqué avec les passagers ? »

Glenda admit que le comportement des trois pilotes était déconcertant et suivit l'avis de Cathy de le laisser tranquille.

* * *

Le bip sur le radar ramena la vie dans le cockpit. L'avion était à près de douze mille mètres d'altitude et montait toujours. Le commandant Robert commença à tirer sur les commandes et sentit une vibration se déclencher. Cela ne pouvait pas provenir de l'avion, mais bien d'un autre appareil à proximité.

Robert regarda par la fenêtre et le ciel était dégagé. Il n'y avait aucun avion en vue. Il pianota sur des commandes et les lumières s'allumèrent. Il eut un soupir de soulagement. Il baissa l'altitude, en amenant le stabilisateur à se caler sur 9 000 mètres.

« SL502. Est-ce que vous me recevez ? » crépita de nouveau la radio.

Robert ferma les yeux et prit une profonde inspiration. « Commandant Robert de la SL502. Je vous reçois. »

« Contact établi ! » Le colonel Jack hurla dans la salle de contrôle, alors que la voix du commandant Robert sortait de la radio du Bombardier.

« Lieutenant-général Sanders de l'ATS. Nous sommes prêts à négocier. Est-ce que vous nous recevez ? »

Le cœur du commandant Robert cessa de battre à cette transmission. La vibration, qu'il ressentait toujours, ne venait pas de l'Airbus, mais du Bombardier situé à proximité. Ils l'avaient retrouvé. Ils étaient derrière lui. Il devait réfléchir vite. Il connaissait les implications de cette affaire.

« Merde !!! » fit-il en frappant sur l'accoudoir.

« Le copilote Tom a essayé de détourner l'avion. Il a essayé de nous empoisonner, le commandant Joe et moi. Joe est probablement mort. Tom a accidentellement consommé le poison avec lequel il essayait de me tuer. On a eu une bagarre. Il a dirigé l'avion dans un nuage électrique et a tenté de nous faire plonger. » Le commandant Robert débita son discours bien répété.

« Où est Tom maintenant ? » demanda le Lieutenant-général Sanders

« Il est mort. Le poison et la foudre ont eu raison de lui », déclara Robert. Le seul problème, quand vous parlez à la radio, c'est que vous ne pouvez pas évaluer la réaction de la personne de l'autre côté. Il coupa la communication jusqu'à ce que la radio se rallume.

« Des terroristes ? Des otages ? Des pertes ? » Sanders assénait les questions.

« Négatif pour tout. » Robert commençait à être en forme à présent, plus alerte, plus coopératif.

« Nous sommes prêts pour une négociation, commandant. » Sanders attendit une réponse, tout comme le CTA.

« Négatif, lieutenant-général. L'assassin est mort », rassura le commandant Robert.

« Quelle est votre position maintenant ? Quels sont les dégâts ? » demanda rapidement le lieutenant-général. L'explication de Robert n'était pas satisfaisante, mais, pour le moment, il souhaitait que l'avion atterrisse en toute sécurité.

« Les commandes sont en train de revenir » dit Robert, voyant les lumières s'allumer lentement sur les boutons.

« Préparez-vous à atterrir, commandant. Je nettoie la base aérienne de la Nouvelle-Guinée pour vous », ordonna le lieutenant-général Sanders.

« Arrivée du SL502 sur la base aérienne de Nouvelle-Guinée. Amenez-y l'équipe », aboya Sanders dans les ordres du CTA.

« Bien joué. » Jack félicita Sanders pour sa résolution rapide et efficace.

« Je ne compterais pas là-dessus. L'assassin est toujours en vie » assura le lieutenant-général Sanders au contrôle au sol.

LA CONQUÊTE DE LA PEUR

« Avez-vous peur ? Ressentez-vous de la peur ? » Paul essayait d'emprunter le calme de Muttu. Il voulait savoir ce qu'il ressentait, car sa posture était beaucoup plus calme que la sienne.

« Quand vous avez pris l'avion, vous saviez que vous alliez mourir ; pourquoi, alors, l'avez-vous pris ? Pourquoi n'êtes-vous pas resté à la maison ? » Paul ne comprenait pas Muttu.

« Selon Ask.com, 146 357 personnes meurent chaque jour dans le monde. Cela fait 6 098 personnes qui meurent toutes les heures. Pensez-vous que ma localisation géographique ait un impact sur mon destin ? Je mourrai où que je sois si mon heure est venue. Peu importe que je sois dans un avion, dans une voiture ou à la maison. » Muttu parla avec un calme qui ne correspondait pas à celui d'un homme qui savait qu'il allait mourir dans les deux heures à venir.

« Ne vouliez-vous pas passer du temps avec votre famille ? » Paul était curieux.

« Ma femme m'a déposé à l'aéroport. Son voyage en ma compagnie s'est terminé là-bas. Elle était heureuse. Moi aussi. Nous nous sommes dit au revoir l'un à l'autre. Pourquoi voudrais-je une autre façon de la quitter ?

C'est mon fils qui a réservé mon billet. Il a choisi la date de mon vol. J'ai vérifié les numéros — c'étaient mes chiffres, ceux qui m'ont toujours apporté le plus de chance. »

« Est-ce qu'il ne se reprochera pas votre mort ? » s'inquiéta Paul. S'il avait réservé le billet de son père dans un avion qui n'était jamais arrivé, il ne pourrait jamais s'en remettre.

« Je sais que je vais mourir. À qui dois-je en vouloir ? Mon fils est une âme évoluée. Il comprendra la vérité par lui-même. Quand il est temps pour quelqu'un d'y aller, peu importe ce que quelqu'un d'autre fait ou ne fait pas, sa vie se terminera pour lui lorsque son moment sera venu. Si on doit se faire des reproches, on s'en fera, quelles que soient les circonstances. La culpabilité n'a pas besoin de l'autorisation de la personne en question. Le sentiment de faute est un indicateur de notre propre regret, d'une vie sans vie, d'une personne sans amour, d'un temps perdu. La culpabilité n'est pas réelle, elle est toujours imaginaire.

Même si une personne meurt d'une mort ordinaire, ses proches se reprocheront toujours sa mort. J'aurais dû faire ceci. J'aurais dû faire cela. Je n'aurais pas dû faire ceci. Je n'aurais pas dû faire cela. Le regret et la culpabilité sont de proches amis. Où l'on trouve l'un, on trouve également l'autre.

Mon fils est une âme évoluée. Il ne sera pas touché par la culpabilité. »

« Quatre personnes vont mourir... toutes en même temps. Y en aura-t-il davantage ? » demanda Paul en se mordant la lèvre.

« 146 357 pour la journée », sourit Muttu.

« Sur 146 357, y aura-t-il les trois cents personnes de ce vol ? » demanda nerveusement Paul.

* * *

Le téléphone sonna dans l'office. Glenda se précipita pour répondre.

« Préparez la cabine pour l'atterrissage. Nous allons raccourcir notre voyage pour atterrir en Nouvelle-Guinée. Nous aurons besoin de changer d'appareil », déclara le commandant Robert, soulagé de parler à Glenda.

« Oh ! merci, commandant » répondit-elle, au bord des larmes. « Combien de temps jusqu'à destination ? »

« Environ deux heures », estima le commandant Robert.

« Puis-je vous apporter quelque chose à manger ? Vous allez bien, commandant ? » Glenda semblait inquiète.

« Est-ce que le copilote Tom va bien ? Nous pensons que le commandant Joe est inconscient, ou... » elle s'interrompit avant d'utiliser le mot « ... mort. » « Sa cabine est verrouillée et nous sommes incapables de l'ouvrir. Il n'a pas lui non plus essayé de le faire. » Glenda débitait ses phrases sans s'arrêter.

Robert écouta son histoire et son désespoir. Il pouvait utiliser Glenda comme une alliée. Il pourrait lui donner les détails de son histoire, puis l'utiliser comme témoin. Le commandant Robert savait que Glenda était une personne quelque peu écervelée et un peu faible. Il pouvait la manipuler.

« Le copilote Tom a essayé de m'empoisonner. Il m'a attaqué et a ensuite entraîné l'avion au beau milieu de l'orage. Comme si le destin l'avait voulu, il a accidentellement consommé son propre poison », raconta le commandant Robert ; la même histoire qu'il avait contée au général en chef de l'ATS.

« Votre copilote Tom est mort ? » fit Glenda, consternée. Cathy avait donc eu raison tout ce temps.

« Quel soulagement. Je suis sûre que vous serez un héros quand le monde entier découvrira que vous avez sauvé la vie de trois cents passagers. Le CTA a tous les enregistrements radio. Je suis certaine qu'ils sont déjà au courant de votre acte héroïque. Merci, commandant, d'avoir sauvé nos vies. Puis-je vous apporter de l'eau ? Quelque chose à manger ? » demanda Glenda. Il y eut un silence.

« Allo, commandant ! » dit Glenda, inquiète. « Allo ? » Elle attendait une réponse. Il y eut un petit clic, puis ligne morte...

Glenda regarda autour d'elle, désorientée. *Que s'est-il passé ? Qu'est-ce qu'il se passe, maintenant ?*

Elle se dirigea vers la porte du poste de pilotage et frappa à la porte.

« Commandant ! Est-ce que ça va ? » Elle entra le code, mais la porte resta verrouillée.

* * *

« L'assassin est à bord » dit le colonel, tout en mâchonnant sa cigarette.

« Pourquoi ne veut-il pas négocier ? » demanda-t-il au chef de l'ATS, qui venait d'entendre à la radio la conversation entre Robert et Sanders, et qui avait également reçu l'enregistrement du cockpit quelques minutes plus tôt.

« C'est un psychopathe. Il veut tuer. C'est son seul motif », déclara le chef de l'ATS.

« Robert dit que Tom a essayé de l'empoisonner. Alors que c'est Robert qui a enrichi le café avec de la vitamine C ou du poison. Tom avait l'air normal, c'était Robert qui se comportait bizarrement. Le café devait contenir le poison qu'il a mis dedans », expliqua le chef de l'ATS. « Qu'il s'agisse d'une tentative de suicide ou d'un plan de meurtre en masse, nous ne le saurons que quand Robert sera en garde à vue. »

« Ne vous inquiétez pas de votre contact avec le SL502 ; laissez-nous d'abord mettre les trois cents passagers à l'abri. La brigade antiterroriste est prête à les recevoir. »

Jack regarda pensivement par la fenêtre. De major à pilote puis à terroriste. C'était une longue spirale descendante pour le commandant Robert. Il connaissait Robert depuis qu'il avait été dans l'armée de l'air. Il était intelligent, engagé et déterminé. Ce n'était qu'après la perte de sa famille qu'il avait commencé à s'effondrer. Il s'était retiré du cercle de ses amis et collègues et restait seul la plupart du temps.

Devoir composer avec la perte de sa famille était traumatisant pour quiconque. Jack pouvait le comprendre. Cependant, ce qu'il ne comprenait pas, c'était comment une personne mature telle que le commandant Robert pouvait perdre la raison et chercher à oublier son chagrin en emportant la vie de trois cents passagers innocents…

Une agence était-elle derrière cette action ? Était-ce un autre gouvernement ? Le département de lutte contre le terrorisme s'était abstenu de toute communication terrestre avec le SL502 et avait repris toutes les conversations.

Le commandant Robert avait été déclaré terroriste et un grand enfer l'attendait encore à l'atterrissage du SL502, prévu deux heures plus tard en Nouvelle-Guinée.

* * *

Sarah se leva de son siège et sortit son sac d'ordinateur portable du compartiment à bagages supérieur. Elle devait garder son esprit occupé de manière positive, constructive et ciblée. Elle n'avait pas dormi depuis des heures. Tant de choses s'étaient passées en si peu de temps, de la perte de Mike à une infidélité imaginaire, de la proximité de la mort jusqu'à son retour au calme. Elle devait faire quelque chose qui apaiserait les tourments de son esprit et lui apporterait un peu de paix.

« Vous allez travailler maintenant ? » Jim était blotti et prévoyait de faire une sieste pendant quelques heures. Ses yeux le brûlaient. Il n'avait pas dormi de toute la nuit. Les événements de ces dernières heures l'avaient épuisé physiquement et mentalement. Il espérait que Sarah se reposerait elle aussi. Elle avait besoin de dormir. Et, de cette façon, il pourrait être plus proche d'elle.

« Je vais écrire », sourit Sarah. « C'est une chose que j'aurais dû faire il y a longtemps. Je suppose que lorsqu'on se détourne du sens de sa vie, on tombe en proie à toutes les distractions du monde. Plus rien n'a de sens parce que vous vous êtes égaré par rapport à ce que vous étiez censé être. Je vais écrire le dernier chapitre de mon livre. » Sarah annonça la nouvelle fièrement pour que Muttu l'entende aussi.

Elle alluma son ordinateur et se prépara à ouvrir le dossier qu'elle avait nommé *Gribouillis.* Elle n'avait pas encore donné son nom au livre, et ce mot — Gribouillis — correspondait bien au manque de profondeur que son rédacteur en chef lui avait attribué.

Elle créa un nouveau document intitulé *À la fin, que l'amour gagne.* Elle réfléchit quelques minutes et Jim fixa l'écran vide de l'ordinateur en attendant que les mots apparaissent.

Il était paisible et heureux. Il avait toujours voulu aller en Nouvelle-Guinée et ce serait une pause agréable avec une fille magnifique.

Je suppose que tout arrive pour une raison plus grave qu'il n'y paraît, se dit-il. *Tout arrive pour une raison précise. Et avec Sarah comme raison principale, j'aurai une histoire fantastique à raconter à mes amis, quand ils demanderont :*

« Comment vous êtes-vous rencontrés ? »

Le livre de Sarah parlait d'une histoire d'amour qui avait mal tourné. Comme pour la plupart des auteurs, l'histoire s'inspirait beaucoup de sa propre vie. Deux amoureux étaient maintenant devenus des inconnus. Ils avaient entamé leur histoire avec beaucoup d'amour et au fil des chapitres, les sentiments s'étaient atténués. Elle avait atteint la fin de l'histoire, où le couple, jadis foudroyé par l'amour, se séparait. Comment pouvait-elle ajouter de la profondeur à l'émotion due au fait de mettre fin à une histoire qui avait été si belle auparavant ?

Sarah commença à écrire.

Pourquoi les relations ne durent-elles pas? Les relations ne durent pas, nos intentions, elles, durent. Tant que les personnes impliquées trouvent leur intérêt dans une relation, celle-ci continue à se développer. Lorsque les objectifs des gens divergent, la relation disparaît également.

Jane reprochait à Martin de la faire souffrir. Elle n'avait jamais cessé de penser qu'elle en était la cause. Elle voulait mettre fin à sa relation parce qu'elle ne se sentait pas aimée, elle ne sentait pas qu'elle était importante pour lui. Elle se plaignait souvent du fait que ce qui avait commencé comme un beau rêve s'était à présent transformé en cauchemar.

Martin reprochait à Jane de le faire souffrir. Il ne se sentait pas aimé et ne se sentait pas important pour elle. Jane l'avait tellement aimé au début, et maintenant il avait du mal à la comprendre. Il y avait le même reproche de chaque côté — égal et identique. Ce que Jane disait à propos de Martin, il l'exprimait à travers des mots différents. Ni l'un ni l'autre ne s'était arrêté pour se rendre compte qu'ils étaient devenus, chacun, exactement ce qu'ils détestaient chez l'autre. Comment ne pouvaient-ils pas le voir? Ils ne faisaient que se faire des reproches. Ni l'un ni l'autre n'écoutait. Quand l'un faisait un reproche, l'autre se défendait et repoussait l'accusation. Et ainsi l'histoire continuait comme un jeu vidéo de ping-pong placé en mode automatique, le mode où personne ne gagne, mais où les joueurs se fatiguent et finissent par vouloir arrêter.

Quelque chose avait terriblement mal tourné, Jane et Martin le savaient tous les deux. Mais quoi et à quel moment, ils n'arrivaient pas à le dire. Ils éliminaient les problèmes en les poussant sous le tapis ou en évitant d'en parler.

C'était le cas classique de résolution d'un problème par la création d'un autre problème. Si de l'eau coule du plafond, et qu'au lieu de réparer la fuite, on place un linge pour absorber l'eau qui s'infiltre, cela colmate-t-il la fuite ? Non seulement cela ne la colmate pas, mais cela crée un autre problème : le tissu humide devient un hôte pour les moisissures et l'humidité. Pour pallier ce problème, on introduit un absorbeur d'humidité. L'absorbeur va gérer l'humidité, mais les moisissures provoquent une toux et une infection respiratoire. Pour traiter la toux, la personne commence à prendre des antibiotiques et des sirops. Les médicaments entraînent l'apparition d'arthrite et de problèmes gastro-intestinaux. Pour gérer cela, la personne entre en physiothérapie, commence à prendre des analgésiques, puis des rehausseurs de l'humeur pour se sentir dans un état normal avec tous les médicaments qui l'épuisent. Son irritabilité, liée directement aux médicaments, le gêne dans son travail. Sa performance s'amenuise et il finit par perdre son travail. Sa relation avec sa femme en pâtit, car il porte son fardeau personnel et professionnel à la maison. Sa femme demande le divorce. Puis, un beau jour, il s'assoit pour se demander : « Comment en suis-je arrivé là ? » Même en un million d'années, il ne serait pas capable de découvrir que la source de ses problèmes était cette fuite dans le plafond. Il se retrouve professionnellement accablé, au tribunal, laissant la femme qui était son pilier dans la vie, parce qu'il ne s'est pas occupé d'une fuite au plafond.

Parfois, un problème s'éloigne tellement de sa source qu'on ne peut plus relier les points et revenir à la racine de la difficulté. Car lorsqu'un problème se présente, il peut se régler définitivement, mais s'il est ignoré trop longtemps, sa démultiplication sous différents angles ne laisse plus entrevoir de solutions tangibles.

Une vraie solution est celle qui résout le problème. Une solution qui garde le problème intact mais donne une illusion temporaire de résolution n'est pas réellement une solution, elle pourrait même aggraver la situation.

Quand quelque chose ne va pas, peu importe la taille du problème. Qu'il soit grand ou petit, il faut le gérer et le résoudre. Car si vous ne vous en occupez pas, ce problème va prendre de l'ampleur et de la puissance, et va devenir de plus en plus grave avec le temps.

Ne pas exprimer les choses est une approche dangereuse. Il faut exprimer l'amour tout comme la déception. Quand quelqu'un se livre à vous, faites bien attention à ses confidences. Parfois, la déception devient un exutoire nécessaire pour protéger l'amour qui est temporairement mis à mal. Si vous ne vous exprimez pas, comment l'autre personne saura-t-elle ce que vous avez sur le cœur, surtout si vous êtes blessé ? Ne laissez pas l'autre personne le découvrir sans le lui dire. Exprimez les choses. Fuir le problème ou le laisser non résolu briserait deux cœurs.

Le bonheur se reconnaît ; il a une longueur d'onde particulière et certaines caractéristiques. Soyez un élève à la recherche du bonheur, ce sera le meilleur apprentissage pour vous dans cette vie. Reconnaissez les modèles qui vous rendent heureux. Comprenez l'état d'esprit qui attire le bonheur. Apprenez à connaître et à reconnaître les actions qui entrent dans sa création. Si vous faites cela, alors vous saurez être heureux. Souvent, les gens ont oublié cet état d'esprit. Comment peuvent-ils donner de l'amour s'ils ne savent pas eux-mêmes être heureux ? Ils recherchent ensuite l'amour chez les autres pour arriver à atteindre le bonheur. Mais ce sont souvent des relations « parasitaires » que la plupart des gens définissent comme de l'amour.

Il y a tant de reproches sur le fait de se sentir important pour l'autre. « Je ne me sens pas important » semble être *un malheur commun que l'on retrouve chez de nombreux amants en détresse. La sensation de manque d'importance est le symptôme d'une faible estime de soi et non d'un manque d'amour. On se sent important quand on est productif.*

On se sent important quand nos actions sont alignées avec nos objectifs. Aimer uniquement pour se sentir important aux yeux de l'autre est un luxe d'homme oisif. « Puisque je ne fais rien, j'ai besoin de vous pour me sentir important. » Alors que votre présence dans une relation est déjà la preuve de votre importance. Car si vous ne l'étiez pas, vous n'existeriez tout simplement pas dans cette histoire.

L'acceptation est la clé de l'amour. Cela veut dire « comprendre que ce que j'ai est ce que je veux. » Si je suis en souffrance, c'est parce que je le veux bien, car d'une manière ou d'une autre, cela me sert. Que ce soit pour obtenir de l'attention supplémentaire ou ressentir un besoin d'indépendance ou toute autre raison pour laquelle on souffre. C'est une condition que l'on choisit soi-même, en libre-service. Permettre aux gens d'exister, c'est leur donner la liberté de se mettre dans la situation de leur choix.

N'utilisez pas les faiblesses des gens pour qu'elles se retournent contre eux. Demandez ce qu'ils aimeraient que vous fassiez, pour les sortir de leur condition, puis faites-le. Un jour où ma nièce de cinq ans était malade, je lui ai demandé : « Voudrais-tu aller mieux ? », elle m'a répondu « Non. » Elle était malade parce qu'elle ne voulait pas aller à l'école et la guérir l'aurait vraiment fait tomber malade.

Quand un être cher à votre cœur est blessé, n'imposez pas vos solutions, utilisez les siennes. Que puis-je faire pour toi ? La réponse à cette question l'aidera dans son état et vous aidera à l'accompagner. Quand Jane était contrariée, Martin lui envoyait des fleurs, alors que ce dont elle avait besoin était simplement un long câlin rassurant. Alors les fleurs ne furent d'aucune aide pour dissiper son mal-être, Martin fut contrarié d'avoir gaspillé ses efforts. Et c'est ainsi que l'amour s'évanouit, peu à peu.

L'amour s'exprime dans la tolérance. Vous n'avez pas à libérer quelqu'un. Dans ce cas, c'est déjà trop tard. Si vous devez libérer quelqu'un, c'est parce que vous l'aviez précédemment mis en cage. Et si c'est ce que vous avez fait, alors le libérer signifie qu'il ne reviendra jamais. Qui voudrait prendre à nouveau le risque d'être emprisonné ?

Lorsque vous vous êtes rencontrés pour la première fois, vous étiez libre, libre de tomber amoureux de celui ou celle que vous espériez. Vous avez choisi cette personne. Plus tard, lorsque cette personne vous coupe les ailes, tout ce que vous voulez faire est vous envoler à nouveau. Non pas parce qu'il vous enracine, mais parce que c'est ce que vous deviez faire : voler. C'est pourquoi il est important de savoir lors de cette première rencontre si vos destinations sont identiques. Car si elles ne le sont pas, alors couper les ailes de l'autre sera le seul moyen pour que vous restiez ensemble.

« C'est tellement beau », dit Jim en reniflant. « Si j'étais né dix ans plus tôt, je vous demanderais de sortir avec moi. Je vous emmènerais danser. Je vous demanderais en mariage pour que vous deveniez ma femme pour toute la vie. »

« Tu en veux encore ? » Sarah sourit. Elle aimait bien Jim. Elle était flattée par ses commentaires et ses compliments continuels. Son attirance lui avait paru innocente. Il ne ressemblait à aucun adolescent qu'elle avait pu rencontrer. Pour lui, elle ne ressemblait à aucune femme qu'il avait croisée. Elle pouvait comprendre son attirance et son affinité. Il était jeune, mais il avait une maturité qui manquait à la plupart des adultes. Sarah commençait à l'apprécier. Jim serait le frère qu'elle n'avait jamais eu. Il serait l'ami qu'elle avait besoin d'avoir.

« Je voudrais que vous fassiez partie de ma vie, tout du long », dit Jim en regardant Sarah. « Vous écrivez si bien. Si la fin est aussi belle, je me demande comment est l'intégralité du livre. »

Sarah rougit de joie. Elle eut envie d'embrasser Jim et de l'adopter.

« Vous ne manquez pas de profondeur. Comment une femme aussi avisée que vous pourrait-elle manquer de profondeur ? Si ce sont vos pensées, comment avez-vous pu ne pas lire à travers le mensonge de votre éditeur ? Je ne pense pas un instant qu'il ait lu votre livre. Vous ne l'avez pas compris ? Ce que vous avez écrit est précieux, chargé de sagesse et de sensibilité. Changez d'éditeur. Ce n'est pas un homme bienveillant. » C'était l'instinct protecteur de Jim qui parlait.

Sarah le regarda, sans voix.

« Je suis désolé de vous avoir interrompue, s'il vous plaît, continuez à écrire. » Jim donna un petit coup de coude à l'épaule de Sarah.

« C'est le dernier chapitre et j'essaie de sauver cette histoire d'amour. C'est difficile de restaurer l'amour quand il est assombri par des couches et des couches de malentendus. Je ne veux pas parler d'un malentendu entre deux personnes, mais d'une méprise avec soi-même. » Sarah plongea de nouveau dans une profonde réflexion et Jim fit ce qu'une personne amoureuse fait : la laisser être.

* * *

Robert martelait de son poing l'accoudoir de son siège. Qu'avait-il fait ? Il venait d'avouer le meurtre. Pourquoi n'avait-il pas pensé à l'enregistrement radio ? Il avait éteint la radio pendant la conversation avec Tom, mais il ne se rappelait pas à quel moment Tom avait fait un commentaire à propos de la vitamine C dans le café. En outre, il avait avoué ses actes répréhensibles. La radio était-elle allumée à ce moment-là ? Était-elle éteinte ? Il n'arrivait pas à penser clairement.

Le commandant Robert regarda le ciel bleu devant lui. Le Bombardier suivait son avion. Il pouvait même en sentir la vibration. Robert avait pratiquement confessé son crime au général du département de lutte contre le terrorisme.

Ils n'étaient pas stupides. Ils avaient dû extraire les enregistrements du poste de pilotage avant même d'envoyer le Bombardier pour trouver l'Airbus. Robert était perplexe sur la façon dont ils avaient d'abord réussi à le localiser. L'ATS était bien plus avancé sur le plan technologique qu'il ne le pensait.

Dès que l'avion atterrirait en Nouvelle-Guinée, la brigade antiterroriste l'encerclerait. Tout le monde sortirait et ensuite, il serait arrêté. Il serait placé dans une cellule spéciale destinée aux terroristes. Il serait interrogé par des moyens et des méthodes dont il n'avait entendu parler que dans les films. C'est d'ailleurs pour ces raisons que les terroristes choisissent de mourir plutôt que de se faire prendre. Son motif de suicide ne serait pas accepté comme seule raison. Il serait torturé pour des informations qu'il n'avait pas. Est-ce qu'il travaillait pour une agence ? Un groupe terroriste était-il derrière ses actions ? Était-ce un autre gouvernement ? Comme ce n'était pas le cas, il serait torturé jusqu'à ne plus pouvoir l'être, puis soumis à un procès où il serait jugé sans pouvoir s'expliquer et cela aboutirait à une peine de mort ou à une peine de réclusion à perpétuité.

Qu'avait-il fait ? Comment avait-il pu être aussi stupide ? Pourquoi avait-il eu besoin de tenter de se suicider dans l'avion, en embarquant les autres avec lui ? Il aurait pu se trouver chez lui en ce moment, dans son lit, en paix, sans déranger personne. Pourtant, c'est une colère latente qui avait trouvé son expression en embarquant les autres avec lui. C'était la colère refoulée qu'il ressentait envers les forces aériennes qui avaient traité la vie humaine avec indifférence. L'armée de l'air avait simplement perdu un pilote alors que d'autres avaient perdu un ami, un fils, un frère, un mari, un père.

C'était aussi sa colère réprimée envers l'action irresponsable d'un l'adolescent ayant tué sa famille qui ne méritait pas de mourir.

Pourquoi peut-on boire de l'alcool sans limites ? À quoi cela sert-il ? Que peut-on espérer en termes de responsabilité de quelqu'un qui a perdu la raison à cause de l'alcool ? Ne buvez pas si vous conduisez. Un homme ivre est-il capable de suivre des instructions, de tenir parole ou même de se souvenir des lois ? Alors que l'individu avait été emprisonné pendant deux ans dans un foyer pour mineurs, la famille de Robert avait été rayée de la surface de la Terre. Le gouvernement était-il responsable de la mort de nombreuses personnes, victimes de leur propre irresponsabilité ? Le gouvernement était-il en quelque sorte partie prenante du meurtre ?

Il y avait une rage dans son cœur qui attendait pour éclater. Elle avait maintenant explosé de toute sa force. Comment pardonner alors que le mal continuait d'exister ? Comment peut-on encore avancer quand le chemin à parcourir est truffé d'épines qui continuent de faire saigner les blessures ?

Comme il n'y avait pas de justice et que la vie était injuste, il vengerait sa famille en mettant fin à cette folie appelée la vie.

« SL502, maintenez l'altitude à sept mille cinq cents mètres », commanda le lieutenant-général Sanders.

« Est-ce que vous recevez ? » La voix grinça dans la radio.

Le commandant Robert savait que le Bombardier ne pourrait pas se maintenir longtemps au-dessus de neuf mille mètres. Son niveau de fonctionnement maximal était de sept mille cinq cents mètres. Donc, Sanders le voulait en remorquage.

S'il ne se conformait pas maintenant aux consignes, Sanders saurait que le mensonge de Robert avait été débusqué. Et même s'il le savait, il ne pourrait rien faire. Robert tenait le sort des trois cents passagers entre ses mains. Et même si Sanders savait que Robert avait déchiffré son plan, il ne pourrait rien faire pour l'empêcher de faire tomber l'appareil et ses passagers.

« Vous n'êtes pas aux commandes », déclara Robert à la radio. « Moi, j'y suis. »

La radio devint silencieuse et le commandant Robert pouvait clairement imaginer le visage du lieutenant-général Sanders et celui du chef de l'ATS au sol, à ses mots.

« Atterrir en Nouvelle-Guinée n'est plus une option », déclara le commandant Robert.

* * *

« Comment vous préparez-vous à mourir ? Comment une personne peut-elle se préparer elle-même à mourir et à se laisser aller ? Un homme allongé sur la table d'opération se bat pour rester en vie, même s'il approche de sa fin. Il ne lâche pas prise, c'est pourquoi il est sur la table d'opération. À quel moment une personne dit-elle "j'abandonne" et le fait-elle vraiment ? » demanda Paul à Muttu.

L'esprit de Paul était en ébullition. Il avait voulu savoir quand il mourrait pour pouvoir se débrouiller avec le compte à rebours. Il voulait savoir combien de temps il lui restait pour pouvoir commencer à prendre des décisions conformes à son destin. Maintenant qu'il l'avait découvert, il n'avait pas le temps pour tout ce qu'il voulait accomplir. Comment aurait-il pu prendre sa vie pour acquise ? Comment aurait-il pu prendre son temps pour acquis ?

« Je sais que je vais mourir. Je dois avouer que je ne suis pas préparé à cela. » Muttu inspira brusquement. « Je ne sais pas quels sont les préparatifs nécessaires », sourit-il. « Nous devrions avoir une sorte de formation pour embrasser la mort », dit-il en riant. « La mort est un sujet tellement tabou qu'il bouleverse la personne sur le point de mourir ainsi que les personnes qui la regardent partir. Je me prépare pour ce jour depuis l'âge de six ans et je dois dire que je ne suis toujours pas prêt », dit Muttu en éclatant de rire.

« Je dois vous dire que je ne sais vraiment pas quoi faire en ce moment. Ce que je sais, c'est que je n'ai pas peur de mourir. Je ne suis pas assis ici dans la crainte que mon heure soit venue. Je sais que ce sera bientôt le moment, mais cela ne me fait pas peur. Cela ne me dérange pas. »

« Quand je suis monté dans l'avion, je sentais que c'était la fin pour tout le monde à bord. Cependant, pour la première fois, j'espérais me tromper. Vous connaissez ce sentiment, quand le fait d'avoir tort vous donne raison. Quand votre enfant essaie de vous battre au bras de fer, et que vous perdez exprès pour qu'il puisse gagner ? Vous connaissez cette sensation ? » demanda-t-il à Paul.

« Alors j'ai demandé à Sarah sa date de naissance, je voulais m'être trompé, pour elle. Dans l'intérêt de Jim, dans votre intérêt et dans celui des autres avec lesquels je ne me suis pas encore connecté. Mais alors, mourir ne pouvait plus être une erreur. Tant de personnes qui meurent chaque jour, ça ne peut pas être une erreur, n'est-ce pas ? Si ça l'était, cela ne se répéterait pas. Cela n'arriverait pas depuis la nuit des temps. Il doit y avoir quelque chose de juste dans cela. Vous comprenez ? »

La question de Muttu était rhétorique et profonde. L'esprit de Paul était vivant et s'emballait, devant la sagesse évidente de Muttu.

« Je ne suis pas un corps. Ce corps n'est pas le mien. Me suivez-vous ? » demanda Muttu. Paul était américain et l'éducation spirituelle de Muttu pouvait s'opposer à la vision occidentale de Paul à ce sujet.

« Je vous comprends tout à fait », confirma Paul. « J'ai suivi de nombreux gourous en Inde et assisté à de nombreux discours spirituels. Et je dois dire qu'aucun d'entre eux ne m'a semblé aussi réel que le vôtre, en ce moment. Peut-être n'étais-je pas prêt à intégrer les choses et à les accepter ? Peut-être que le moment est venu maintenant. »

« Le paradoxe est de savoir si j'utilise mon corps ou si c'est mon corps qui m'utilise. J'ai choisi d'utiliser mon corps. Le corps suit les lois physiques de l'univers. Il périra comme il a été conçu. Il en résulte que cette loi, aussi religieuse qu'elle soit, vaut pour tous les autres organismes de la planète. » Muttu fit une pause. Il ne voulait pas continuer à bavarder si ses propos n'avaient aucun sens pour Paul.

« Comment savez-vous que vous n'êtes pas votre corps ? C'est plus facile à dire qu'à ressentir. Est-ce une sagesse innée ou quelque chose que l'on vous a enseigné ? » demanda Paul, dont l'esprit s'enflammait.

« Je peux voir l'avenir. Mon corps ne le peut pas. La vision de mon corps est limitée à cinq kilomètres environ en terrain rectiligne. Alors qui peut voir l'avenir ? Est-ce mon corps ? Non, mon corps ne le peut pas. *Je le vois pourtant.* Je ne suis pas mon corps. Dans le monde physique, le futur n'existe pas. Alors comment puis-je voir ce qui n'existe pas ? C'est ce qui me distingue », dit doucement Muttu afin de ne pas distraire une Sarah déterminée, occupée à écrire le dernier chapitre de son livre sur son portable.

« Ce qui m'a toujours troublé, c'est que si je suis un être spirituel, pourquoi est-ce que je ne me souviens pas d'avant la naissance de ce corps ? » avoua Muttu sur le ton de la confidence. Paul se pencha car Muttu parlait plus bas. « Pourquoi est-ce que je ne me souviens pas de qui je suis vraiment, si je ne suis pas ce corps ? D'où est-ce que je viens ? Où étais-je ? Où vais-je ? Et pourquoi suis-je ici ? C'est ce qui m'obsède et c'est la réponse que je n'ai pas pu trouver. »

Paul commençait à avoir la chair de poule. Muttu avait soulevé des questions qui le hantaient depuis des mois. Il pensait y réfléchir quand il aurait le temps de se livrer à des activités spirituelles. Ce serait son luxe.

« Il y a des esprits qui me contactent », continua Muttu avec prudence. Il ne voulait pas effrayer Paul, mais ce dernier était au-delà de la peur maintenant. Un autre jour, il l'aurait pris un fou, mais à cet instant, il voulait en savoir le plus possible.

« Ce sont des esprits qui ont des messages pour leurs proches. Ils veillent sur eux, les protègent », déclara Muttu.

« Comment vous contactent-ils ? Comment savez-vous que c'est un esprit qui vous contacte ? » Paul était curieux.

« Quand je suis assis avec un client, je commence parfois à le voir sans aucun effort de ma part. Comme si ce que je vois m'était donné à voir. Et quand je le raconte, ce message est exactement ce que ce client avait besoin d'entendre », expliqua Muttu.

« Ce que je veux dire, c'est qu'il y a des esprits qui errent librement, sans corps. Et je veux en savoir plus. Imaginez que je n'aie pas de corps, je n'aurais pas à m'inquiéter de mourir », dit Muttu en riant à cette pensée. Le visage de Paul s'éclaira.

« Alors, que ferez-vous quand l'heure viendra ? » demanda Paul.

« Je partirai. J'errerai librement. Je ne veux certainement pas revenir dans ce monde pour y prendre un autre corps. Ce serait une souffrance si vous me demandiez de le faire. Je veux voir le passé, le présent, le futur, en même temps. Non, non... Je n'ai pas envie d'un passé, d'un présent ou même d'un futur. Je n'aime pas ce concept de temps. Je voudrais me livrer à l'éternité et m'éloigner pour toujours.

Je veux être tout à la fois et le garder en moi. Comme le soleil au centre de notre système solaire. Que fait-il ? Il est là, immobile. Cependant, il englobe tout, vous et moi, et même cet Airbus », dit Muttu en souriant, et Paul se mit à rire. Muttu faisait de la mort une aventure.

« Et à cette heure, je veux tout comprendre. Je ne pense pas que ce soit en changeant toujours de corps, encore et encore, vie après vie. J'ai l'intuition que les réponses sont à trouver hors du champ matériel. Si j'avais dû les trouver ici, je l'aurais fait. Les réponses ne sont pas dans ce monde où je les ai cherchées à plusieurs reprises. Je vais donc partir à leur recherche, ailleurs », dit pensivement Muttu.

« Et comment les autres sauront-ils ? Devrez-vous revenir pour le leur dire ? Aimeriez-vous le faire ? » demanda Paul.

« Est-ce que les autres veulent vraiment savoir ? Pourquoi devrais-je revenir pour dire ? Quand ils se poseront la question, ils chercheront la réponse. C'est un voyage que chaque individu doit entreprendre pour lui-même. *La mort vous libérera,* essayez de dire cela à votre voisin et vous verrez comment il vous enverra balader », rigola Muttu.

Paul était silencieux. Il ne regardait plus Muttu qui soupira et laissa le silence faire ce qu'il faisait le mieux : ouvrir à la réflexion et à l'introspection.

Les minutes passèrent et Muttu se tourna vers Paul.

« Votre fils vous admire beaucoup. Il ne vous le dit pas, mais il le dit aux autres. Il a toujours voulu être aussi fort que vous, mais il pensait qu'il n'était pas digne de votre attention. Il se retenait par peur de vous décevoir, car vous représentez pour lui la quintessence de la perfection. Sa vie changera après votre mort. Il suivra vos pas et assumera la responsabilité que vous laisserez derrière vous. Et il le fera bien. Vous en serez fier.

Votre ex-femme pense à vous tous les jours. Pas un jour ne passe sans qu'elle ne pense à comment ce serait si vous étiez encore ensemble. Elle ne pourra jamais être heureuse avec d'autres hommes parce qu'elle les compare tous à vous. Elle n'a jamais eu le courage de revenir vers vous parce qu'elle ne pourra jamais se pardonner ce qu'elle vous a fait. Pas pour des choses que vous savez déjà, mais pour celles que vous ne connaissez pas encore.

Votre entreprise vivra, car vos collaborateurs sont en harmonie avec votre projet. Ils porteront votre héritage, fiers de leur contribution.

Votre meilleur ami, Steve, mourra dans deux ans. Il souffrira d'un cancer pendant plusieurs mois. Il vous enviera d'être parti si facilement », sourit Muttu alors que Paul le regardait avec des larmes plein les yeux. Pour la première fois depuis de nombreuses années, il pleurait.

* * *

« Il est redevenu silencieux ? Que se passe-t-il, Cathy ? Je ne comprends pas. » Les inquiétudes de Glenda reprirent le dessus. Elle venait juste de terminer sa prière quand la mort leva de nouveau la tête.

« Pourquoi as-tu appelé le cockpit ? » dit Cathy, avec une grimace.

« C'est lui qui a appelé », se défendit Glenda. « Il a dit que nous allions atterrir en Nouvelle-Guinée. Il a déclaré que le copilote Tom avait tenté de l'empoisonner, avait conduit l'avion dans le nuage électrique et l'avait agressé. Le copilote Tom est mort. » Elle répéta l'histoire à Cathy.

Le visage de Cathy était livide. Elle avait senti que quelque chose n'allait pas, mais avait espéré que ce ne soit pas un meurtre. Il lui fallut quelques secondes pour rassembler ses esprits. Comment le commandant Joe était-il impliqué ? Que lui était-il arrivé ? Elle en était toute retournée, au bord du vertige. Savoir qu'il y avait un meurtrier aux commandes de l'avion était terrifiant. Elle devait rester calme, en contrôle.

Glenda la fixait dans l'attente d'une réponse. Cathy était silencieuse, mais son esprit hurlait.

« Que va-t-on faire ? » Glenda arpentait l'office comme une somnambule. Paul lui manquait. Sa présence aurait apporté un certain réconfort dans cette situation. Elle avait la chance de servir en première classe. Si elle avait été en classe économique, elle n'aurait pas eu le temps de se perdre en conjecture et de se complaire dans des choses futiles, car les passagers auraient exigé chaque seconde de son temps. Et parce que Glenda était Glenda, elle ne voyait aucune raison d'offrir son aide à ses collègues surchargés en classe éco.

Cathy s'était assise. Cette histoire n'avait aucun sens pour elle. Quelque chose ne tournait pas rond. Elle ne savait pas où était la vérité, mais elle sentait qu'il y avait certainement un mensonge quelque part. Tom n'avait pas l'air d'un homme capable de meurtre. Il ressemblait davantage à une victime. La dernière fois qu'elle l'avait vu, il avait le visage d'un homme qu'on avait empoisonné. C'était le commandant Robert qui était l'assassin. Mais quel pouvait être son mobile ? Pourquoi aurait-il tué son copilote ? Dans quel but ?

Glenda haussait les sourcils devant le silence de Cathy. Cathy secouait la tête et se retenait d'exprimer sa pensée, car elle ne pouvait en rien lui faire confiance.

Elle devait faire sortir le commandant Joe.

« Prends ma place, je reviens vite. » Cathy se leva et marcha pour sortir de la cabine de première classe.

« Où vas-tu ? » demanda Glenda, désespérée. D'abord Paul et maintenant Cathy. Elle ne voulait pas qu'on la laisse seule.

« Rends-moi un service. Ne dis rien au commandant Robert. Écoute-le s'il appelle, mais ne dis rien. » Cathy regarda Glenda. Elle acquiesça, mais elle savait qu'il ne servait à rien de lui donner des consignes.

Cathy entra dans l'espace de la classe affaires et prit à part le steward Brad. « Le commandant t'appelle », dit-elle, alors que le restant du personnel de bord se regroupait autour d'eux pour savoir ce qui avait fait descendre Cathy en business class. Elle n'était manifestement pas là pour aider, car si telle était son intention, elle serait venue ici depuis longtemps. Cathy n'était visiblement pas très populaire auprès des autres hôtesses.

Brad s'excusa et suivit Cathy. Celle-ci savait qu'elle pouvait lui faire confiance.

« Je voudrais que tu fractures la porte de la cabine de repos. Je sais que c'est contre le règlement mais j'en assume la totale responsabilité. Le commandant Joe est à l'intérieur, probablement mort ou... assassiné. » Cathy n'avait pas vraiment d'autre explication.

« Quoi ? » Brad sembla étonné. Cela expliquait tout. Si Joe était mort, cela signifiait que la vie de tous les passagers était en danger.

Brad se précipita vers la première classe. Le vieil homme du siège 2F était resté silencieux pendant tout le temps. Il semblait inconscient de la mort qui rôdait dans les airs. Il n'avait pas fait de bruit pendant les turbulences et n'avait même pas appelé l'hôtesse de l'air pour demander une explication.

Il avait compris que le sort de chacun, y compris le sien, était menacé. Il pouvait voir que les hôtesses étaient inquiètes. Le vol était instable et ils avaient été touchés par la foudre. Il savait que tout pouvait s'arrêter. Il ne pouvait être qu'une âme très évoluée pour accepter la mort ou ignorer sa venue. De toute façon, il semblait en paix.

Brad essaya de pousser la porte, mais elle ne bougeait pas. S'il devait la casser, cela ferait beaucoup de bruit et alerterait celui qui avait voulu tuer piéger ou tuer Joe. Il devait être discret.

Brad prit des couverts dans l'office et commença à entreprendre le déverrouillage avec une fourchette, puis avec un couteau, alternant avec des coups d'épaule contre la porte. Il lui fallut moins de trois minutes pour faire tourner le loquet.

« Reste à l'écart. » Il mit sa main sur le bras de Cathy. « Va de l'autre côté de la cuisine et attends mon signal. »

Cathy aurait voulu l'accompagner dans la cabine, mais elle pouvait comprendre la logique de Brad. Glenda était terrifiée, à mi-chemin. Cathy attrapa son bras et la conduisit de l'autre côté de l'office, la poussant vers le siège de Paul.

Brad ouvrit la porte avec précaution, se préparant à une attaque. Il vit les pieds du commandant Joe sur la chaise, prit cela comme un signe clair et ouvrit la porte. Il eut un choc en voyant Joe. Ses cheveux étaient hérissés sur son crâne. Ses yeux étaient ouverts et injectés de sang. Un filet de mousse jaune avait séché sur la moitié de sa bouche. Brad entra et posa sa main sur le cou de Joe pour vérifier son pouls. Il n'y en avait pas. Il était mort.

Brad se retourna et laissa échapper un cri. « Mon Dieu ! Cathy ! » Il sursauta en voyant Cathy qui était derrière lui. Elle ne pouvait quitter Joe du regard. C'était un homme merveilleux. Elle le connaissait depuis cinq ans. Il l'avait non seulement aidée à organiser ses horaires de vol, mais il l'avait aussi assistée personnellement à prendre ses dispositions à l'hôpital, lorsque sa mère était gravement malade. Il avait été assassiné. Les larmes coulaient des yeux de Cathy. Brad la prit dans ses bras et la sortit de la cabine.

« Attends », dit Cathy en essuyant ses larmes. Elle entra dans la cabine et ramassa la tasse de café vide qui était posée sur le plateau à côté de lui. Elle prit la tasse et se dirigea vers Glenda.

« Tu lui as servi ce café, non ? » mettant Glenda face à ses responsabilités.

« Oui. » Glenda sembla confuse.

« Le commandant Joe a été empoisonné. Il est mort. Le copilote Tom a aussi été empoisonné. Il est mort également. La seule chose commune entre eux deux est le café. Où as-tu eu ce café ? Comment l'as-tu préparé ? » Cathy paniquait. Robert avait-il empoisonné tout le café ? Toute la cafetière ?

« À qui as-tu servi le café de cette machine ? » Cathy secoua Glenda.

« À toi, à moi, à monsieur Glenn, au copilote Tom, aux commandants Robert et Joe » laissa échapper Glenda nerveusement. Elle sentit soudain des crampes dans son estomac.

Avait-elle consommé le poison ? Et puis, elle comprit. C'était le café qu'elle avait pris dans le cockpit et servi à Joe. Les mains de Glenda se mirent à trembler et ces tremblements se propagèrent dans tout son corps. Si le café était empoisonné, c'est elle qui avait tué le commandant Joe.

Brad attrapa Glenda, pâle, qui s'appuyait contre le mur de la cuisine. Ses mains étaient glacées et des gouttes de sueur brillaient sur son front. Cathy la regarda, inquiète. *Allons-nous tous mourir ?*

Elle frissonna à cette pensée.

Brad se débattait avec Glenda, la portant et la traînant à moitié vers un siège vide. Il se mit à lui frotter les mains et les bras pour faire circuler le sang. Glenda cacha son visage dans ses mains et commença à hurler et à sangloter de façon hystérique. Pour calmer ses lamentations sonores, Cathy commença à lui masser les épaules. Glenda était sous le choc.

« J'ai tué le commandant Joe », murmura-t-elle entre deux sanglots et Cathy et Brad se figèrent.

« Je lui ai donné le café que tu as rapporté du cockpit. C'était le même café. J'en ai juste ajouté un peu dans la même tasse. » Glenda pleurait, sanglotait, reniflait et bégayait, et Cathy pouvait à peine comprendre ce qu'elle disait. Était-ce elle, l'assassin ?

« Écoute-moi, Glenda. Calme-toi. Tu dois me dire exactement ce que tu as fait. » Brad lui prit le visage d'une main et attrapa ses mains de l'autre, essayant de la garder sous contrôle.

Au bout d'une minute, Glenda respirait normalement.

« Quand Cathy m'a demandé de faire un café au commandant Joe, j'ai versé du café frais dans la tasse que Cathy avait rapportée du cockpit. Si le copilote Tom a été empoisonné avec ce café, alors j'ai donné le même café au commandant Joe. Je l'ai tué. » Elle disait la vérité et commença à hyperventiler.

« Calme-toi. » Brad essayait de la tenir fermement.

« Tu dois sortir d'ici. Va en classe affaires. Je vais rester ici. Ne le dis pas encore aux autres. Il ne faut pas d'effet de panique », s'empressa de dire Brad à Cathy.

« Nous avons un tueur aux commandes de l'avion. Je ne peux pas te laisser seul ici. » Cathy s'accrocha à Brad.

Brad demanda à Cathy de s'occuper de Glenda. Il décrocha le téléphone satellite et glissa sa carte de crédit. Le signal et la connexion, qui avaient été coupés pendant tout ce temps, étaient à nouveau ouverts. De toute évidence, Robert n'avait pas prévu cela, car il laissait de côté des détails de l'intrigue, ce qui le mènerait à sa perte : le signal satellite était activé. Brad chercha le numéro sur son téléphone et appela le centre de contrôle de la circulation aérienne. Le téléphone sonna.

« Répondez. Répondez », murmura-t-il.

« Contrôle du trafic aérien », répondit la femme au bout du fil.

« S'il vous plaît, passez-moi le contrôle aérien. C'est l'agent de bord Brad qui appelle depuis le SL502 », dit-il d'une voix étouffée. « Vite ! »

La femme au standard regarda ses ongles, vérifiant l'état de son vernis, et transféra la ligne au contrôle aérien.

« Henry, du contrôle aérien, comment puis-je vous aider ? » articula une voix après quelques secondes de silence. « Je suis l'agent de bord Brad, à bord du SL502. Je veux vous signaler que notre commandant Joe est mort à la suite d'un empoisonnement. Le copilote Tom est mort aussi. Nous soupçonnons le commandant Robert, en charge du vol, de les avoir tués. Le café était empoisonné, ce qui a tué les deux autres pilotes », expliqua Brad.

« Écoutez, Brad, l'ATS a pris les choses en main. La situation est délicate. Nous allons vous faire atterrir en Nouvelle-Guinée. Faites profil bas et restez en dehors du chemin du commandant. Nous allons garder la ligne sous contrôle », l'informa Henry qui raccrocha.

« Qui as-tu appelé ? » demanda Cathy en se dirigeant vers Brad.

« Le service de contrôle aérien, pour signaler que le commandant Robert est l'assassin. Ils doivent être informés », répondit Brad. Le visage de Cathy devint livide.

« Le téléphone satellite est connecté à la radio dans le cockpit », marmonna-t-elle à Brad.

* * *

« SL502, est-ce que vous me recevez ? Abaissez votre altitude à 7 500 mètres. » Le lieutenant-général Sanders faisait ce que les militaires sont formés à faire, répéter le commandement jusqu'à exécution, en ignorant tout signe de non-conformité.

Le commandant Robert n'avait plus depuis longtemps de pensée rationnelle. Ils étaient en train de le piéger. L'ATS savait qu'il avait tué son copilote Tom et maintenant, avec l'appel téléphonique de Brad, il semblait que le mystère du meurtre ait été décodé. C'était un cas assez simple. Robert avait été stupide en pensant qu'il pourrait s'en tirer.

« SL502, est-ce que vous me recevez ? Descendez maintenant votre altitude à 6 000 mètres », répéta le lieutenant-général Sanders.

« Merde ! » murmura Sanders en recevant le message du contrôle au sol suite à l'appel téléphonique de Brad. Il savait que le téléphone satellite était connecté au cockpit. Robert était informé maintenant qu'ils savaient qu'il était l'assassin.

« Merde ! » jura-t-il encore. « Je l'avais ! Je l'avais ! » En colère, il frappa sa jambe de son poing.

Le Bombardier fit demi-tour, volant à la basse altitude de 7 500 mètres, gardant l'Airbus en vue. Bien que l'avion traversât l'océan Pacifique en direction de la Nouvelle-Guinée, il n'avait aucune intention d'y atterrir.

* * *

Sarah pensait à Mike. Sa relation avec lui était déjà terminée — car quand il n'y a plus de confiance, il n'y a plus de relation.

Elle continua à écrire.

Comment s'établit la confiance ? La confiance est essentiellement un accord sur des valeurs et une éthique sur lesquelles la relation sera construite. Si on accepte un code d'honneur, en le brisant, on brise aussi la confiance. Bien souvent, le code d'honneur est respecté. C'est le cas dans les vœux de mariage. Le prêtre lit le code d'honneur et le couple est déclaré mari et femme quand les deux parties acceptent de le respecter.

Si le prêtre dit : « Promets-tu de rester aux côtés de Jane en cas de maladie ? » et que Martin répond : « Non, je ne serai pas à ses côtés dans ce cas », la relation prend fin à ce moment-là. Quand on accepte un code de conduite, on accepte d'honorer ses promesses. Les manquements brisent la confiance et doivent être pris au sérieux.

Tout début de relation devrait avoir un code de conduite. Il devrait porter les valeurs des deux personnes, car chacune pourrait avoir des valeurs différentes.

Acceptes-tu de m'offrir des fleurs tous les vendredis ?

Acceptes-tu de me serrer dans tes bras quand je vais mal ?

Acceptes-tu de me rester fidèle ?

Acceptes-tu de m'écouter quand je souffre, quelle qu'en soit la raison, et même si ma situation est déraisonnable ?

Acceptes-tu de me pardonner si je ne me comporte pas bien quelquefois ?

Acceptes-tu d'aimer mon chien ?

Acceptes-tu de me laisser de l'espace quand j'en ai besoin ?

Acceptes-tu de me demander ce qui ne va pas même quand je dis que je vais bien ?

Soit la personne répond «j'accepte», soit vous négociez. Une fois que c'est établi, il faut maintenir la confiance. Une relation où l'engagement est établi est plus agréable à vivre. Les êtres sont le fruit d'expériences et de modes d'éducation différents. Ce qui est OK pour l'un peut ne pas convenir à l'autre. Considérer que la confiance est acquise, c'est accrocher votre relation à un fil fragile d'incompréhension.

Pour dire clairement ce qu'on attend, il faut une grande connaissance de soi. Et quand on se comprend soi-même, c'est très facile de comprendre l'autre.

Les soupçons peuvent conduire à des erreurs. En suspectant l'autre, vous pouvez commettre des maladresses. Faire face est un pari plus intéressant. Au lieu de se consumer de doutes, il est préférable d'évoquer le problème. Attendre un faux pas de l'autre et le prendre en flagrant délit est pire qu'une opération à cœur ouvert. Car quand tu gagnes, tu meurs, aussi.

Sarah laissa échapper un long soupir. Elle ferma son ordinateur pour s'arrêter et réfléchir. Jim s'était endormi. C'était un adolescent enjoué, désireux d'évoluer. Il avait donné son avis et n'avait pas hésité à dire les choses. Il était facile de l'aimer et même de l'adorer. Sarah sourit devant son innocence.

Elle avait échoué sur une question de confiance dans sa relation avec Mike. Elle ne pouvait pas lui faire confiance. Alors pourquoi passait-elle son temps avec lui ? Quel rôle jouait Mike dans sa vie ? Elle n'avait pas de réponse. Et quel rôle voulait-elle lui donner ? Elle n'avait pas non plus de réponse.

Elle rouvrit son ordinateur et continua à écrire.

Qu'est-ce que l'amour ?

L'attraction n'est pas l'amour. L'attraction forme la base de l'amour. Si vous êtes attiré par une personne, alors l'amour peut se développer. S'il n'y a pas d'attraction, il n'y a pas non plus d'amour. Pour la plupart des gens, l'amour s'arrête à l'attraction. Et pour la plupart des gens, le désastre suit. Si l'attraction est purement physique, alors l'amour est un camouflage du désir sexuel. L'attraction doit exister à tous les niveaux, émotionnel, mental, intellectuel, spirituel ET physique. Si j'aime son apparence, mais que je n'aime pas sa façon de penser, à combien de temps faut-il honnêtement s'attendre que la relation dure ? Si j'aime la façon dont il pense, mais que je n'aime pas la façon dont il se restreint émotionnellement, alors comment l'amour pourra-t-il se développer ? Si j'aime son intellect mais pas sa mentalité, alors quel avenir nous attend tous les deux ? Tomber amoureux, c'est comme gagner au jackpot : tous les chiffres doivent correspondre. Mais s'il manque ne serait-ce qu'un numéro, vous n'obtiendrez pas le prix !

Sarah commença à rire. Avec Mike, de nombreux chiffres manquaient. Pas étonnant qu'elle soit malheureuse. Pas étonnant qu'il le soit aussi.

Elle tapota sur le clavier puis recommença à frapper.

Alors, comment peut-on se tromper ? Comment corriger un mauvais choix une fois qu'il est fait ? Que fait-on avec un ticket de loterie qui a les mauvais numéros ? Comment peut-on l'utiliser pour gagner ? On ne peut pas. Il faut obtenir un nouveau billet !

Sarah se mit à rire aux éclats. Cela commença avec un ricanement et se termina par un rire d'autodérision. Sa vie amoureuse était un tel gâchis qu'elle finissait par trouver tout cela comique. La douleur avait disparu. Les mots l'avaient libérée de son chagrin d'amour.

Muttu la regarda et sourit. Il n'avait pas besoin de savoir ce qui l'avait amusée car son rire ne ressemblait pas à celui d'une blague ; c'était un rire de vérité.

Comprendre ce qui a mal tourné soulage l'autre personne de son besoin de défendre sa position. Vous l'avez invitée dans votre vie. Vous lui avez donné la permission de vous la gâcher. En d'autres termes, vous l'avez choisie, malgré votre intuition, sur de mauvaises bases. Quelle que soit la façon dont vous l'interprétez, vous l'avez fait.

Lâcher prise est parfois le meilleur moyen, mais il n'est pas nécessaire que ce soit cruel. Faites-le, non pas parce que vous détestez la personne ou parce que ça fait mal. Faites-le parce que vous aspirez à un avenir plus heureux.

Jane et Martin s'étaient retrouvés avec les mauvais numéros. Une fois l'attirance passée, les autres chiffres sont apparus. Martin voulait parcourir le monde alors que Jane voulait garder son job. Jane voulait un grand mariage alors que Martin voulait un mariage civil. Martin était un fêtard. Jane aimait rester à la maison. Pour Jane, Martin était tout. Pour Martin, il y avait un monde au-delà de Jane. Quand ces chiffres sont apparus, la vérité a été révélée au grand jour, ils avaient perdu. Ensuite, chacun a essayé de changer l'autre sans succès, ce qui ne faisait qu'ajouter à leurs problèmes. Essayez de faire un 3 à partir d'un 8 puis allez au bureau de tabac pour réclamer votre prix au loto, cela s'appelle de la triche. Alors ils commencèrent à tricher, à faire des 8 à partir des 3, avec les gens qu'ils aimaient.

Lâchez prise. Achetez un autre billet.

L'amour n'est pas une loterie dont on ne connaît pas la finalité, et où la réussite n'est pas entre nos mains. L'attirance à tous les niveaux est la clé pour décrocher le jackpot. Faire un compromis au début est la garantie d'une peine de cœur à la fin.

Alors, comment attirer le bon partenaire ? Comment le trouver ? En sachant ce que l'on cherche. Si vous êtes au clair sur la personne que vous voulez trouver, alors la reconnaître devient beaucoup plus facile. Lorsque vous ne savez pas qui vous voulez dans votre vie, alors vous décidez au feeling.

Pendant que vous recherchez votre âme sœur, occupez-vous et restez créatif. C'est toujours une bonne idée de comprendre quel genre de femme votre homme idéal voudrait et de se préparer à être à la hauteur. Il est facile d'attendre le meilleur et de ne pas considérer ce que vous avez à offrir en retour.

Vous voulez un mec sexy? C'est génial. Mais vous devrez aussi travailler à vous remettre en forme. Car un mec sexy tel que vous le rêvez recherche également une femme sexy. Vous voulez quelqu'un qui est émotionnellement stable? Travaillez sur votre propre équilibre émotionnel. Il mérite autant d'attention que celui que vous attendez chez l'autre. Vous voulez quelqu'un de spirituellement évolué, trouvez le chemin d'abord en vous-même. Et même si vous ne le trouvez pas rapidement, vous vous aimerez en attendant. C'est quand les gens cessent de s'aimer eux-mêmes qu'ils désespèrent de trouver l'autre. La désespérance ne mène qu'au désespoir.

Pendant cette quête de l'âme sœur, ne fuyez pas ceux qui ne correspondent pas à votre rêve. Lorsque vous trouvez quelqu'un de stimulant intellectuellement, partagez cet espace avec lui. Lorsque vous trouvez une femme émotionnellement stable, incluez-la dans votre liste de bons amis. Lorsque vous tombez sur quelqu'un qui a une base spirituelle, gardez-le comme votre philosophe et guide. Lorsque vous rencontrez un homme physiquement attrayant, devenez son amie, peu de femmes le sont. Et quand vous trouverez toutes ces qualités dans un seul homme, épousez-le vite.

Sarah sentit comme une énergie pénétrer son cœur, une énergie guérisseuse. Elle était montée dans l'avion avec de la noirceur dans l'âme et au fur et à mesure qu'elle couchait les mots sur le papier, ils la remplissaient de lumière. Elle était censée prendre ce vol, non pas pour trouver la vérité sur Mike, mais parce qu'elle devait trouver la vérité sur elle-même.

Elle regarda Muttu, qui l'observait intensément. « Merci », murmura-t-elle, et il rayonna de fierté.

LA RÉSOLUTION

L'esprit de Robert était un champ de bataille. Il avait besoin de remettre ses idées au clair. Il avait besoin d'évaluer toutes les options. Il était un homme déjà mort qui attendait de mourir.

Seules deux possibilités l'attendaient dans le futur. Lorsqu'un homme a réduit les possibilités de sa vie à deux options, c'est un homme mort. Pour un homme libre, les possibilités sont illimitées. Quand quelqu'un dit qu'il n'a pas le choix, c'est la mort assurée.

Peu importe la façon dont Robert s'agitait, il était mort. Il était « échec et mat. » Soit l'ATS le tuerait lentement mais sûrement, soit il se suiciderait d'abord. La seule décision qu'il devait prendre était de savoir si trois cents personnes devaient mourir avec lui.

Robert ouvrit sa ceinture de sécurité et se leva de son siège. S'il pouvait simplement extraire la capsule de la cavité où elle était tombée, cela résoudrait tous ses problèmes.

Mais elle y était si parfaitement logée, comme si cette cavité avait été conçue pour elle. Cet espace faisait cinq centimètres de profondeur et il n'y avait aucun moyen d'atteindre la capsule. Il aurait fallu l'extraire avec un aspirateur.

« Commandant Robert, est-ce que vous recevez ? » C'était encore le lieutenant-général Sanders.

« Je veux négocier, est-ce que vous recevez ? » La voix arrivait à travers la radio. Le lieutenant-général Sanders était heureux que Robert n'ait pas coupé la radio cette fois-ci. Cela signifiait qu'il y avait place pour la négociation. La situation ressemblait à celle d'un homme sur une corniche qui menace de sauter, mais ne l'a pas encore fait. Il y avait encore de l'espoir.

Contrarié, Robert se rassit. Quelle négociation Sanders pourrait-il éventuellement lui offrir ? Tout était fini. Tout espoir n'était qu'un simulacre pour l'abattre.

« Commandant Robert, est-ce que vous recevez ? » répéta la voix avec force.

« Que pouvez-vous m'offrir ? Je suis un homme mort, Sanders. Laissez tomber », dit Robert à la radio.

« Faites atterrir l'avion. Je suis prêt à négocier », répéta Sanders.

« Je fais atterrir l'avion et vous allez me tuer, ça, c'est garanti » déclara Robert. Étrangement, il était soulagé de parler à quelqu'un. En dialoguant, il n'avait pas à subir les voix qui parlaient dans sa tête.

« Que voulez-vous, Robert ? Qu'est-ce que vous voulez ? » Sanders alla droit au but.

« Je veux mourir. Il n'y a pas d'autre option », dit Robert. C'était vrai. Il n'y avait pas d'autre option pour lui.

« C'est ce que vous voulez, Robert ? Vous voulez mourir ? Ou est-ce que vous voulez mourir parce qu'il n'y a pas d'option ? Vous n'êtes pas obligé de mourir. Les trois cents passagers à bord ne le sont pas non plus. » Sanders tentait de toucher Robert. Le colonel Jack écoutait depuis le sol, les doigts croisés. Il avait confiance en Sanders. Il avait réussi à négocier et à conjurer de nombreuses attaques terroristes. C'était le meilleur officier de l'armée de l'air.

Le commandant Robert était troublé. Avait-il bien entendu ? Sanders venait-il de dire qu'il n'avait pas à mourir ?

« Je ne comprends pas. Que voulez-vous dire par le fait que je n'ai pas à mourir ? » demanda Robert.

« Je peux vous obtenir l'immunité du président. Vous faites atterrir l'avion et personne ne vous touchera. Vous passez dans la clandestinité, disparaissez, changez d'identité et ne revenez jamais aux États-Unis. Je peux vous obtenir cette immunité », négocia Sanders.

Robert n'y avait pas pensé. Bien qu'il n'ait aucune expérience directe des négociations terroristes, il savait qu'en cas de crise extrême où de nombreuses personnes étaient impliquées, le président avait le pouvoir d'offrir l'immunité si le terroriste en question consentait à se rendre et à coopérer. Les terroristes étaient ensuite déclarés morts publiquement et bannis du pays sous une identité différente.

Une troisième possibilité s'ouvrait maintenant pour Robert. Il n'avait pas à mourir. Une petite vague d'espoir s'alluma en lui.

Mais si Sanders mentait ? Et s'il n'obtenait pas l'immunité promise et qu'il l'envoyait plutôt en cellule de torture ? Voulait-il tenter sa chance ?

« Négatif, Sanders. Je refuse votre offre », dit Robert à la radio.

« Cet homme est fou. » Le colonel Jack frappa du poing sur la table. Lui et toute son équipe écoutaient la conversation depuis le sol. « Cet homme est complètement fou ! »

« Je veux négocier, Robert, pour la vie des trois cents passagers. » Sanders changea de stratégie. Jack prit une profonde inspiration et la retint pour que Robert réponde.

« Pose l'avion au sol et je te tuerai personnellement. Ton vœu sera exaucé et les passagers ne seront pas obligés de mourir », cria la voix de Sanders à la radio.

Robert se tut. Il y réfléchit. Sanders le ferait-il vraiment ? Comment pourrait-il le savoir à coup sûr ? Il savait que l'enjeu était de taille et que l'agent de négociation était prêt à dire tout ce qu'il voulait entendre pour qu'il coopère. Rien ne garantissait que ces offres seraient valables après l'arrestation.

« Négatif, Sanders. Je décline votre offre. » Robert restait dans sa folle logique.

Il n'y eut soudainement plus que le silence. Les deux parties réfléchissaient sérieusement pendant qu'une flotte optimiste de passagers attendait avec impatience de rentrer chez elle, heureusement inconsciente de la crise qui se jouait dans le cockpit.

« Quelle est votre proposition, Robert ? » La voix de Sanders s'était adoucie.

Robert était silencieux. C'était la question exacte qu'il se posait depuis qu'il était monté dans l'avion. Qu'est-ce que je vais faire ? Chaque heure qui passait rendait cette question plus compliquée. Que pouvait-il faire ?

« Je vais crasher l'avion dans la mer » affirma le commandant Robert.

* * *

« On va y arriver ? » demanda Cathy à Brad, qui était assis avec elle dans la cuisine, Glenda s'étant endormie sur un siège en première classe, un peu apaisée après sa crise.

« On ne peut qu'espérer. » Brad lui pressa la main.

« Je voulais arrêter de voler l'an dernier. Mais je pensais continuer encore un an, avant de démissionner », dit Cathy. « Je voulais jouer de la guitare, former mon propre groupe et faire de la musique pour gagner ma vie. J'avais juste besoin d'une année pour me créer une réserve financière avant de poursuivre mon rêve. Quand nous atterrirons, tout à l'heure, je vais envoyer ma démission et prendre un bateau pour rentrer à la maison. » Elle se mit à rire, et Brad en fit autant.

Parler à Brad avait été un soulagement et une bonne diversion face à la peur qui enserrait son cœur. Avec deux personnes mortes dans son espace, il est difficile de se comporter normalement. Cathy faisait de son mieux.

« C'est drôle de voir comment une crise peut nous rappeler ce qui est vraiment important. » Brad reprit la conversation. « Nous considérons notre vie pour acquise et ensuite nous regrettons de ne pas avoir fait ce que nous voulions faire le plus au monde. »

« As-tu toujours voulu voler ? » lui demanda Cathy.

« Oui j'ai toujours voulu voler, j'ai l'impression que le ciel m'appartient. Être en l'air me donne un shoot, littéralement et métaphoriquement », sourit Brad. Il était heureux que Cathy lui fasse confiance, et de pouvoir l'aider.

« Est-ce que ça a été ta pire expérience jusqu'à présent ? » demanda Cathy à Brad. Il volait depuis plus longtemps qu'elle. Il avait également travaillé dans des jets privés, plus exposés aux dangers du vol que les avions commerciaux.

« Eh bien, qu'est-ce qui peut arriver de pire ? La mort ? Ça peut nous arriver n'importe quand. L'âge n'est plus un critère de décès. Je ne dirais pas que cela a été la pire expérience, car je vois toujours les bons côtés. Mais oui, c'est la situation la plus proche de la mort que j'aie jamais vécue », dit Brad. Il se pencha en avant, puis se tourna vers Cathy.

« Moi, cela a vraiment été ma pire expérience. Je pensais que nous allions tous mourir. » Les larmes emplirent les yeux de Cathy.

« Je suis heureux que tu sois en vie pour pleurer ce moment » répondit Brad, et Cathy éclata de rire avant d'éclater en sanglots.

« Je suis contente que tu sois ici. Tu me fais me sentir en sécurité. Merci. » Cathy poussa un long soupir de soulagement.

* * *

« Commandant Robert, vous recevez ? Je veux négocier pour les trois cents vies à bord » dit le lieutenant-général Sanders à la radio.

Robert resta silencieux. Il n'y avait pas de négociation possible. Pourquoi Sanders ne voulait-il pas le comprendre ? Il n'y aurait pas de retour en arrière. Sa décision était prise.

« Pour l'amour de Dieu, Robert. Vous pouvez mourir comme vous voulez. Mais aucun des trois cents n'a besoin de mourir avec vous », continua Sanders.

« Négatif. Je ne veux pas négocier », dit Robert, troublé par cette situation. Il poussa la manette des gaz de quelques centimètres, orientant l'appareil vers la descente.

« Est-ce qu'on atterrit ? » Cathy fronça les sourcils. Elle regarda sa montre. Il restait encore une heure à parcourir pour la Nouvelle-Guinée.

« Le SL502 perd de l'altitude », cria Sanders au contrôle.

* * *

« Faites quelque chose, Sanders ! » hurla Jack, renversant sa tasse de café.

« Vous gardez un passager en otage dans le cockpit. Vous atterrissez et vous vous asseyez dans le cockpit. Je vous tirerai dessus personnellement. Vous mourrez. Et tout le monde vivra », dit Sanders d'une voix rapide.

Robert ferma ses yeux. Son esprit s'emballait. Le plan pourrait fonctionner. Il pourrait appeler Glenda et la garder en otage. Il la ferait asseoir sur le siège de Tom pour que le tir de Sanders soit parfait. Cela pourrait être la fin.

Mais si elle se débattait ? Elle verrait le cadavre de Tom et se mettrait à paniquer. Pourquoi voudrait-elle s'asseoir dans le cockpit ? Il devrait l'agresser pour la garder là. Et s'il appelait Glenda et qu'elle entrait avec une arme — un couteau ou une fourchette, ou, qui sait, une lame, et l'attaquait en premier ? Ils pourraient alors obtenir des instructions depuis le contrôle au sol et être en mesure d'effectuer un atterrissage d'urgence. Il serait alors jeté en cellule de torture.

« Négatif. Je décline votre offre. » Robert n'avait plus aucune issue. Il voulait un moyen de s'en sortir mais n'arrivait pas en trouver qui apporterait la paix à son cœur en rage.

Robert regarda le réservoir de carburant. Il lui restait encore six heures, et après cela, qu'il le veuille ou non, ils disparaîtraient tous. Qu'attendait-il ? Qu'est-ce qu'un homme mourant peut attendre ? » Un peu de temps supplémentaire. Il stabilisa l'avion.

« La descente s'est arrêtée », rapporta Sanders au contrôle au sol. Robert était l'un des cas les plus difficiles qu'il ait jamais rencontrés. Comment peut-on influencer les actions d'une personne qui ne se rend pas à la raison ?

Sanders resta silencieux. Quelque chose s'était passé dans l'esprit de Robert, car il avait stabilisé l'avion.

« Commandant Robert, c'est le CTA, est-ce que vous me recevez ? » Jack prit la relève, à la consternation de Sanders.

« Commandant Robert, je suis le colonel Jack, du contrôle aérien. Est-ce que vous me recevez ? » dit la voix qui sortait de la radio.

Robert fut surpris. Que souhaitait le CTA alors que l'antiterrorisme avait pris le relais ? Quel tour avaient-ils dans leur sac maintenant ?

« Que voulez-vous ? » demanda Robert.

« J'ai quelqu'un ici qui veut vous parler », dit Jack. Sanders jura sur le siège de son avion. Il avait dit au CTA de rester en dehors de ça, et maintenant ils ruinaient ses négociations.

Robert était silencieux.

« Robert », une voix de femme se fit entendre à la radio. « C'est la commandante Fay. »

Les poils de Robert se dressèrent. La commandante Fay était la meilleure amie de sa femme décédée.

* * *

Mike était un type sympa. Sarah le voyait ainsi. Il était l'un des plus beaux mecs avec lesquels elle était sortie, ce qui la mettait très mal à l'aise. Mike était populaire auprès des femmes et elles tentaient de le séduire même quand il essayait de rester loyal. L'excitation que procure le flirt en fait une habitude quotidienne pour certaines personnes. Les individus comme Mike sont très sensuels. Cela ne faisait pas de lui une mauvaise personne, cela le rendait différent de ce que Sarah voulait chez son homme.

Mike s'efforçait de changer. Pas parce qu'il voulait changer, mais parce qu'il ne voulait pas perdre Sarah. Sarah était une gentille fille, belle et très talentueuse. Elle apportait à Mike la stabilité dont il avait tant besoin. Contrairement aux autres femmes, il pouvait envisager un avenir avec elle. Il voulait avoir une famille avec elle. Le travail de Sarah le rendait fier. Elle était intelligente et sensible. Mais Mike ne pouvait tout simplement pas s'empêcher de céder alors que l'attention du sexe opposé envahissait son espace. Parfois, il s'abstenait, parfois, il priait pour que Sarah ne le découvre pas. Le travail de Sarah la faisait voyager et ça arrangeait bien Mike.

Mike et Sarah avaient du mal à sauver leur relation. Ils étaient aux antipodes l'un de l'autre par leurs attitudes respectives, chacun essayant d'être ce que l'autre voulait qu'il soit, et échouant. C'étaient des gens bien, mais ils n'étaient pas faits pour être ensemble.

Sarah suffoquait. Elle ouvrit son ordinateur portable, tenta de surmonter le sentiment de vide qui accompagne celui de la perte et commença à taper.

Au lieu de se tuer chacun à petit feu en cherchant à nous changer, et à nous changer encore, et à nous changer toujours, puis de culpabiliser pour ce que nous sommes, il vaut mieux laisser faire. Il vaut mieux laisser chacun trouver son bonheur individuel que d'étouffer l'autre avec son amour.

Avant de martyriser votre cœur, préparez votre antidote. Le meilleur remède à la peur de perdre, à la crainte de rester seul et à cette frayeur qui fait que nous vivons petit et aimons moins, est d'avoir un objectif plus élevé. Définissez ce qui vous rend heureux, explorez vos points forts, réfléchissez à ce que vous aimeriez faire, puis construisez un avenir sur ces bases. Avoir un but est une réponse puissante à tous les maux du cœur et de l'esprit.

Que Sarah voulait-elle faire de sa vie ?

Elle fit une pause pour y réfléchir. Passerait-elle sa vie à combler le vide créé par la perte de Mike ? Sarah écrirait des livres. Elle ferait tout pour faire publier ce premier livre. Et si personne ne le prenait, elle en écrirait un autre. Elle avait quelque chose à partager. Écrire apaisait son cœur, lui apportait de la clarté et la rendait heureuse. Si son écriture lui faisait ça, peut-être que cela aurait les mêmes effets sur les lecteurs. Elle ne laisserait pas le jugement d'autrui définir ce qu'elle ferait de sa vie. Ses rêves étaient vivants et son avenir, excitant.

En quoi laisser partir l'autre pose-t-il problème ? Nous avons tellement peur de la solitude que nous préférons souffrir plutôt que faire face à un autre futur. Nous craignons que la relation prenne fin, et qu'ainsi l'amour meure, mais le sentiment n'a pas besoin de mourir. Le contexte d'une relation peut changer, l'amour reste durable. L'amour est la constante et n'a pas nécessairement besoin d'une relation pour exister.

Même si les gens ne s'entretuent pas physiquement, le temps les tuera quand même, l'un plus tôt que l'autre. Que tout ait une fin est la vérité en toute chose, sur tout le monde. Mais faut-il en finir ? Ma grand-mère était amoureuse de mon grand-père, même après sa mort. Elle ne s'est jamais remariée. J'ai entendu dire que beaucoup d'hommes avaient lutté pour la conquérir, mais elle était amoureuse de mon grand-père. Le besoin d'intimité physique n'est pas l'amour. Le besoin de sécurité financière n'est pas l'amour non plus. L'amour transcende tous les besoins. L'amour est ce que l'on ressent au-delà de toute preuve physique de son existence.

Au lieu d'emménager avec un autre homme, ma grand-mère s'est dirigée vers sa raison d'être. Elle était chanteuse, philanthrope, et une mère exemplaire. Elle a satisfait la passion de son art et a touché la vie de son auditoire lorsqu'elle chantait. Elle aidait les malheureux et les nécessiteux qui la bénissaient abondamment. Elle a élevé ma mère et mes oncles avec fierté et grâce. Elle était leur héroïne. Elle nous a tous gâtés avec son amour et son humour. Elle ne s'est jamais lassée de nous raconter des histoires sur son mari. Elle n'a jamais laissé ma mère ressentir le manque, car elle ne l'a jamais senti elle-même. L'amour de mon grand-père nous entourait, comme s'il était toujours là, comme s'il était toujours avec nous.

En fin de compte, si votre amour donne du pouvoir à ceux que vous dites aimer, si votre amour apporte espoir et inspiration à leurs vies, si votre amour les entoure longtemps après votre départ, alors c'est que vous avez vraiment aimé.

Sarah commença à respirer profondément. Un soulagement envahit son espace. C'était la fin de son livre. C'était son lâcher-prise. Elle leva les bras et cambra son dos, s'étirant sur le siège.

« C'est fini ? » demanda Jim doucement.

* * *

« Robert ? » La voix de Fay était sévère.

« Merde », murmura Robert. Le commandant Fay était la meilleure amie de sa femme Karen. Elles étaient amies d'enfance et avaient toujours été ensemble. Elles parlaient d'elles-mêmes comme d'âmes sœurs. Après le décès de sa femme, Fay l'avait aidé à se relever. Robert avait préféré s'éloigner d'elle cependant, car elle lui rappelait trop Karen. Il faisait donc tout ce qui était en son pouvoir pour l'éviter. Récemment, elle s'était retirée de l'aviation pour faire du bénévolat au sol.

« Robert, je sais que tu peux m'entendre ! » dit Fay, d'une voix désespérée.

« Georges est sur ton vol. » Elle parlait d'une voix étranglée par l'émotion.

Robert était sous le choc. Le mari de Fay était donc sur son vol ? Robert connaissait Georges. C'était un brillant parolier qui avait écrit quelques-uns des jingles les plus populaires de la télévision. C'était un génie créatif. Georges était sur son vol ? Il ne pouvait pas le croire.

« Je suis enceinte de trois mois, Robert », dit Fay à la radio.

Robert était silencieux. Georges était comme de sa famille, tout comme Fay. Qu'avait-il fait ? Que faisait-il ? Que devrait-il faire maintenant ?

« Je m'attendais à des félicitations », railla Fay.

« Je ne sais pas ce qui t'est arrivé, Robert. J'ai entendu dire que tu voulais tuer tout le monde à bord, y compris ma famille », s'étrangla-t-elle à nouveau.

Sanders écoutait. Si cela ne fonctionnait pas, rien d'autre ne marcherait, pensa-t-il.

« Je sais que tu vas tuer tout le monde. Que vais-je dire à mon enfant quand il naîtra sans son père ? Qu'il a été assassiné par le mari de ma meilleure amie ? Qu'il a été victime de la haine ? Que devrai-je lui apprendre — qu'entre le bien et le mal, c'est le mal qui l'emporte ? Est-ce cela qu'il devra apprendre ? Que le mal est plus fort, que les bons perdent ? » Fay était au bord de s'effondrer.

« Mon bébé est avec moi en ce moment, blessé par la douleur. Mon enfant à naître est en train de prier pour la vie de son père. Ramène mon mari à la maison, Robert. S'il te plaît ! » Fay fondit en larmes.

Le commandant Robert resta silencieux.

« Dis quelque chose, bon Dieu ! » cria-t-elle à la radio.

Robert ne savait pas quoi dire. Il avait perdu tout courage de prononcer un seul mot.

« Tu vas tous les abattre, n'est-ce pas, bâtard ! » cria-t-elle dans le micro.

« Ce que tu fais est horrible. Le mal n'est jamais un choix, car pour choisir, il faut aussi avoir une once de bonté. Quand on parle d'acte diabolique, la bonté a disparu depuis longtemps. Tu ne vas pas prendre uniquement la vie de trois cents personnes, tu vas abattre également leurs familles. Des familles qui devront vivre avec ce que tu auras fait. La malédiction de tes actes vivra avec eux. Ils en seront empreints. Comme toi avec la mort de ta famille. Tu en prends trois cents, ils pourront en prendre trois mille. Un conducteur ivre a tué trois membres de ta famille ; tu essaies de te venger sur trois cents personnes. »

« Robert... » Fay s'interrompit. « Ne fais pas ça. » Elle s'effondra et se mit à sangloter.

« Comment la société peut-elle valoriser le bien quand des gens comme toi le ridiculisent ? Si c'est ce que tu devais devenir, Robert, c'est une bonne chose que ta famille soit décédée et n'ait pas vécu pour voir qui tu es devenu. » Fay continua à pleurer et frappa de sa main le micro qui tomba de la table.

« Laissez-moi tranquille », cria-t-elle aux policiers qui venaient la soutenir. Elle se rassit sur la chaise, elle et son enfant à naître dans son ventre, pleurant pour le mari et le père qu'ils ne reverraient peut-être jamais.

* * *

Muttu regarda sa montre.

« Il reste une heure », soupira-t-il longuement.

« Êtes-vous nerveux ? » demanda Paul.

De *avez-vous peur* à *êtes-vous nerveux*, la question dénotait un progrès spirituel subtil.

« Il ne reste qu'une heure », sourit Muttu. « Je suis heureux d'être ici, enfermé à 10000 mètres d'altitude. Pour ne plus rien pouvoir faire du tout », laissa-t-il échapper en éclatant de rire. « J'aime ça. Ne rien faire », puis il rit à nouveau.

Les connexions par satellite avaient été coupées, il n'y avait donc aucune autre option, même donner ce « dernier coup de fil » à quelqu'un. Lorsque votre temps est écoulé, souvent, il n'en reste plus pour conclure. Paul, comme Muttu, n'avait rien à faire. Ils avaient tout fait depuis longtemps, et ce « tout » avait pourtant rendu leur vie incomplète.

« Comment meurt-on ? Sommes-nous déjà en train de mourir ou est-ce que cela se produit juste à un moment précis ? » demanda Paul. Il avait peu à peu développé la certitude que Muttu connaissait toutes les réponses. Du moins, il l'espérait.

« Eh bien, je ne me rappelle pas vraiment comment ça s'est passé la dernière fois, » rit de nouveau Muttu, « mais je peux anticiper sur la façon dont ça va se passer cette fois-ci. »

Paul sourit. L'humour de Muttu commençait à transparaître.

« À mon avis... », Muttu s'arrêta pour regarder Paul, « ... et j'ai beaucoup réfléchi à cela », il hocha la tête, « soit votre corps meurt, soit votre cœur cesse de battre et vous, en tant qu'âme, vous n'avez pas d'autre choix que de partir. Ou alors, vous, en tant qu'âme, quittez simplement le corps et lui permettez de mourir. »

Paul fronça les sourcils devant sa logique. « Mais c'est précisément ma question, *comment part-on ?* »

« Eh bien, nous avons une connaissance innée. Personne n'a appris à un bébé à téter. Personne n'a appris à un enfant en bas âge à rire. Personne n'a appris aux gens comment avoir des relations sexuelles. Personne ne vous a appris à être triste. Lorsque le moment est venu, lorsque les circonstances se présentent, nous savons quoi faire », expliqua Muttu.

« Et si je ne le fais pas correctement ? » Paul se mit à rire de l'absurdité de sa question.

« Eh bien, vous seriez la seule personne dont la plainte serait *Bon sang, je ne suis pas mort correctement.* » Muttu tapota l'épaule de Paul, et ils se mirent à rire tous les deux. Tout ça commençait à ressembler à du tragi-comique.

« Vous savez, j'ai un peu la tête qui tourne », dit Muttu, rayonnant. « Un mélange d'euphorie, d'extase et de joie » commença-t-il à dire en riant, en se couvrant la bouche pour ne pas trop faire de bruit.

Paul souriait mais n'avait pas encore atteint l'état de Muttu. Il avait l'air calme, mais pensif. « Alors, qu'en est-il du tunnel de lumière et de l'ange ou du Dieu de la Mort qui attend pour prendre nos âmes ? » interrogea-t-il avec curiosité. Il voulait savoir ce que l'enseignement spirituel de Muttu disait à ce sujet.

« Si vous voulez mon avis, je les éviterais » se remit à rire Muttu, comme s'il était un peu ivre. « Je veux être vraiment libre. Je ne veux pas traîner autour du Dieu de la Naissance et du Dieu de la Mort. D'abord, parce que ce sont les deux gars qui m'ont causé tous ces ennuis dans le monde matériel. » Il rit à nouveau et cette fois, Paul se mit à rire aussi.

« Donc nous ne suivons pas la lumière ? Comme on le dit dans la plupart des religions ? » demanda Paul.

« Je ne sais pas pour vous. Je ne peux pas parler pour vous, mais je vais dans un endroit qui me rend heureux. Suivre la lumière et aller où ? Je ne sais pas avec certitude où cela mène. J'ai atterri ici une fois encore, dans un nouveau corps qu'ils ont appelé Muttu. Je ne me suis jamais senti libre de toute ma vie. Je veux l'être. Je veux décompresser. Je ne veux suivre personne ni quoi que ce soit. Ce manège de naissance et de mort dure depuis trop longtemps. Je veux faire mon propre truc maintenant », déclara Muttu avec ferveur.

« Votre propre truc, comme quoi ? » demanda Paul, intrigué. Muttu semblait savoir ce qu'il faisait et Paul voulait comprendre.

« Peut-être, explorer une autre planète. La nôtre devient trop polluée et corrompue. Ou peut-être rester un moment et aider », détailla Muttu. « Ou peut-être », suggéra-t-il, « juste prendre un congé sabbatique dans le monde matériel et rester en tant qu'observateur. »

« J'aime mieux cette idée », ajouta Paul.

Le calme s'installa entre eux mais un petit sourire se lisait sur leurs deux visages.

« Qu'en est-il du salut, Muttu ? Qu'en est-il du Nirvana ? Je veux la liberté. Je ne veux plus revenir et vivre à la merci du destin ou encore d'un destin chargé de dualités. Serai-je libre après ma mort ? » Paul était inquiet.

« Pour être libre, il faut sortir du piège de Maya », expliqua Muttu.

« De Maya ? De quoi s'agit-il ? » Paul avait entendu dire que les Mayas étaient attachés au matérialisme, mais il voulait entendre la version de Muttu.

« Le Maya est l'arme la plus meurtrière de l'univers matériel. C'est un mot sanscrit qui se traduit par : « ce qui n'est pas. » C'est une illusion qui semble être réelle. C'est l'illusion de la mortalité qui rend la matière réelle et l'esprit obscur. Le Maya est la raison pour laquelle nous sommes ici dans un corps, nous interrogeant sur une mort qui n'est même pas réelle. » Muttu regarda intensément Paul, évaluant son niveau de compréhension. Paul était sur la même longueur d'onde que Muttu.

C'est le Maya qui nous a piégés ici. Lui, qui nous limite en tant qu'êtres spirituels, nous rendant inconscients de qui nous sommes vraiment, de qui nous avons été, de notre but et de nos capacités. Cela nous réduit à une vie de servitude et de lutte dans le monde matériel. Puisque cela est totalement contre notre nature innée, nous souffrons. Le Maya est l'illusion de la mortalité.

Tant que vous êtes aveuglé par cette illusion, vous êtes pris au piège. Ce n'est que lorsque vous pouvez voir au-delà de ce mensonge, de cette façade, de ce piège, que vous avez une chance de vous libérer. La mort n'est pas la liberté. La mort est le début d'un nouveau jeu, ici sur Terre, avec un nouveau corps. Vous mourez en tant que corps pour en prendre un autre. Ce n'est pas ça, la liberté.

Vous voulez le salut ? Vous voulez le Nirvana ? Vous voulez la liberté ? Sachez simplement qui vous êtes et indiquez clairement qui vous n'êtes pas ! Toutes vos identités reliées au corps sont un mensonge. Vous n'êtes pas un homme d'affaires. Vous êtes un pouvoir immortel et indestructible, une force capable d'assumer tout ce que vous souhaitez être.

Vous n'avez rien à voir avec la matière. Votre véritable place est à un million d'années-lumière de cette question et de ce monde matériel. Pourquoi auriez-vous besoin d'un corps ? Quelle terrible désillusion faudrait-il subir pour croire qu'il en fallait un pour survivre et pour créer ! Le piège tendu par le Maya se ferme lorsque vous, en tant qu'être spirituel, commencez à croire que vous êtes un corps. Une fois dans le corps, l'illusion du Maya prend le dessus et vous êtes pris au piège des liens et des lois de l'univers matériel, qui sont contraires à votre nature et à vos capacités innées. C'est la voie ultime pour un être spirituel : être consommé par le Maya, pour avoir accepté d'être un corps. Car si vous êtes de la matière, alors il est facile de vous faire croire que vous êtes mortel. Quand vous croyez être mortel, vous avez peur de mourir, vous avez peur de perdre. Et lorsque la peur s'insinue dans l'être d'une âme immortelle et indestructible, il renie totalement son identité. C'est le Maya qui a fait son travail.

Vous êtes un néant sans forme et sans poids, mais vous êtes capable de créer ou de détruire à volonté plusieurs univers.

La conscience de votre vrai moi, voilà votre liberté. Vous avez toujours été libre. Vous avez juste oublié qui vous êtes, par votre obéissance et votre adhésion au Maya. Le même Maya qui incarne les mensonges régissant ce monde matériel », expliqua Muttu.

« Vous voulez la liberté ? Rappelez-vous qui vous êtes. Réveillez-vous. Sortez de ce rêve, de cet attachement à la matière. Vous pouvez le voir en un instant si vous le souhaitez ou vous pouvez rester aveuglé pour le reste de l'éternité. Si vous avez choisi de ne pas voir, c'est que vous êtes entré dans le jeu. Vous avez forcément fait ce choix à un moment donné, car vous ne pouvez pas être ici sans consentement, vous avez joué volontairement en abandonnant votre identité. Ce choix a toujours été le vôtre. Vous pouvez choisir d'en sortir et de regarder la réalité. Le Maya existe tant que vous regardez à l'extérieur et parce que le monde matériel est vaste. Mais le Maya est brisé dès que vous regardez à l'intérieur. »

Paul l'avait entendu et n'avait plus de question. Il cherchait des réponses à l'intérieur. Des réponses à des questions sur lesquelles il réfléchissait depuis longtemps. Lorsqu'il avait parlé de son sentiment de détachement du matériel, ses amis avaient parlé de crise de la quarantaine. Paul ne vieillissait pas mais il devenait lui-même un être spirituel.

Il s'assit et ferma les yeux. Il n'y avait aucune prière dans son esprit. Il n'y avait pas de pensées. Il y avait seulement un silence qui contenait tout ce qui était dit... non dit, vu, invisible, senti, non ressenti, connu, inconnu. Il n'y avait besoin de rien. C'était un état de bonheur. Un état de néant, qui, néanmoins, conservait en soi un sens de réalisation spirituelle. Paul était absorbé par cet état auquel il aspirait tant. Il savait que c'était exactement ce qu'il cherchait, ce qui lui avait manqué toute sa vie.

Le temps passait. L'horloge tournait en arrière sur le poignet de Muttu. Cela marquait le compte à rebours vers la fin ou vers un tout nouveau commencement. S'ils ne comprenaient pas et ne se rendaient pas compte de leurs propres réalités, de leur propre vérité, ils risquaient de passer quelques décennies de plus dans une autre vie, à essayer de comprendre. C'était soit maintenant, soit à un autre moment de l'éternité.

Que Muttu sache ce qu'il savait juste de façon théorique ou qu'il soit suffisamment éclairé pour le savoir à partir d'un état d'être spirituel, seule la fin pourrait le dire. Que Muttu ait vraiment vu au-delà de l'illusion ou qu'il prêche seulement une philosophie bien répétée, la fin était sûre de révéler le verdict d'un futur piège ou de la liberté éternelle.

« Hé Muttu », dit Paul en se tournant vers lui après quelques instants de silence. « Le commandant va se suicider. »

« Comment savez-vous ça ? » demanda Muttu.

« Je peux le voir, je peux lire ses pensées. Il est très perturbé. Il va se suicider. » Paul continua : « Je peux voir l'avenir. »

Muttu acquiesça de la tête. Il savait exactement ce dont Paul parlait. La perception ne se limite pas aux sens de notre corps. Il y a davantage que ça. Au niveau spirituel, on pourrait le décrire comme une diffusion. Par laquelle on pénètre l'espace et on peut savoir. On peut pénétrer le temps et connaître le passé, le présent et le futur. Muttu savait que ce n'était pas une capacité spéciale réservée à quelques-uns ; c'était une capacité commune à tous. Que tout le monde l'ait oubliée, c'était une autre histoire. Que chacun ait le potentiel de récupérer son pouvoir inné, c'était l'histoire à laquelle il croyait.

« Comment avez-vous fait cela ? » Muttu avait envie de faire partie de l'évolution de Paul. Il savait, mais c'est toujours un plaisir d'apprendre à nouveau, et de valider ce que l'on sait déjà.

« Je peux voir, non pas avec mon corps, mais avec une perception que j'ai toujours sentie m'habiter, mais avec laquelle je n'ai jamais été connecté. Je me sens submergé, c'est comme ce qu'on ressent quand on a tout perdu, et que dans cette perte, on se libère. Parce qu'elle embarque avec elle tout le stress, toute l'angoisse et toute l'insécurité qui accompagnaient l'envie de garder, de posséder et de protéger.

J'ai tout donné. La dernière chose qui me reste à rendre est mon corps. À la minute où je le ferai, je serai libre. Je me sens soudainement avoir atteint un autre niveau. Je suis toujours en vie, mais je ne ressens aucun attachement à ce corps. Vous pouvez le prendre, vous pouvez le détruire, vous pouvez en faire ce que vous voulez, cela n'aura aucune implication sur qui je suis et ce que je ressens pour moi-même.

Comment ai-je fait ? Je ne sais pas.

Je viens de le faire. Comme si je venais de me réveiller. Comme si la vérité venait juste de me frapper. Comme si le mensonge venait de se dissiper, me laissant avec moi-même. » Paul plissa les sourcils, cherchant dans les yeux de Muttu pour voir s'il comprenait.

« Vous l'avez fait », murmura Muttu. Il savait de quoi Paul parlait. Paul avait résumé exactement ce que Muttu ressentait depuis un certain temps maintenant.

Paul avait vu que le commandant mourrait et cela n'avait pas changé son état dans le présent. Selon Muttu, c'était le signe d'un état spirituel que très peu atteignaient.

« Je peux voir l'avenir, Muttu », dit Paul avec certitude au sujet de la vision qu'il venait d'avoir.

« Je peux voir le passé, pas celui que j'ai vécu, et qui n'est que souvenirs. Je peux voir le passé, celui qui englobe la vie et les voyages de chacun. Je peux voir le présent comme un état créé par tous. Et je peux comprendre tout le monde.

Même si je peux voir que le futur proche contient un événement dévastateur pour beaucoup, je n'ai ni besoin, ni envie de le modifier. Vouloir changer les choses, c'est s'inscrire à nouveau dans le jeu. Ne pas changer devant la réalité, qu'elle soit bonne ou mauvaise, est un état d'esprit que j'ai maintenant acquis.

Je peux voir le Maya, l'illusion. Il crée l'illusion de la mortalité et vous embobine. Il crée des énigmes pour que vous puissiez jouer au jeu de leur résolution. Il crée des destructions et des dévastations, captant votre attention pour vous forcer à en régler les détails. Dans cet engagement, vous êtes englouti dans une force négative que vous combattez jusqu'à ne plus pouvoir vous battre. Le Maya gagne quand vous perdez. Le Maya gagne quand vous devenez, comme Robert, une victime glorifiée. Ses actions vont inciter les autres à se prendre au piège pour se venger.

Je peux voir, Muttu. Je peux voir le mensonge. Je peux voir la souffrance que les mensonges entraînent. Je peux voir le piège. Nous sommes tous piégés.

Je n'avais jamais vu comme ça, avant. Je savais que je souffrais, que la vie n'avait pas de sens. Je savais que plus je réussissais, moins je me sentais connecté à moi-même, que je n'étais pas ce que je pensais être. Qu'il y avait quelque chose en plus pour moi. Mais j'avais déjà atteint le sommet de mon succès. Que pouvait-il y avoir de plus ? C'est là que j'étais coincé. C'est la réponse que je cherchais. Je peux voir, maintenant. C'est tellement clair. Je suis bien davantage que ce que le monde matériel m'a permis de faire. Je suis davantage que ce que j'étais. Je suis bien plus que ça, Muttu. »

Muttu esquissa un large sourire. Paul était à l'écoute. Paul savait. Paul pouvait voir le Maya, il pouvait déchiffrer l'illusion, il pouvait voir la vérité sur lui-même et sur son éternité. Muttu et Paul étaient devenus compagnons de voyage dans l'avion, dans la vie et dans l'au-delà.

* * *

Le commandant Robert enfouit son visage dans ses mains et ses yeux s'emplirent de larmes. Des années d'émotions retenues avaient éclaté comme un volcan en colère. Il n'était pas comme ça. Il n'avait pas voulu devenir cet homme. Si sa femme et ses filles étaient ici, elles auraient honte de ce qu'il avait fait. Mais en même temps, si elles avaient été avec lui, il ne l'aurait pas fait.

Robert se leva. De toute façon, il devait récupérer la capsule. Il regarda la cavité. C'était impossible. Soudainement, une idée le traversa. Il posa sa main sur sa poitrine et décrocha son badge, prit l'épingle et la plia. Puis il l'inséra dans la capsule, la tourna à l'intérieur, et commença très lentement à la sortir de la cavité.

Après quelques allers-retours délicats, la capsule se délivra de la cavité et s'accrocha au badge du pilote comme un poisson attrapé par un hameçon.

Il prit la capsule dans sa paume et la tint serrée. C'était sa solution. Il retourna à sa place. Il devait faire ça bien.

Le dealer lui avait dit que s'il consommait le contenu de manière sublinguale, en mettant la poudre sous sa langue, le poison agirait beaucoup plus rapidement. Avec de l'eau, cela le tuerait en quelques heures ou moins ; alors que sous la langue, cela le tuerait en trente minutes.

Robert se mit à réfléchir. Cette fois, il avait besoin de planifier correctement les choses. Il regarda sa montre ; s'il voulait atterrir en Nouvelle-Guinée, il devait commencer sa descente maintenant. Il avait trente minutes pour atterrir en Nouvelle-Guinée. Il commença à élaborer son plan. Il avait trente minutes. Il préparerait l'avion pour la descente. Il mettrait l'avion en pilote automatique. Vingt minutes avant d'atterrir, il consommerait le poison. Il poserait l'avion et l'immobiliserait sur la piste. Il faudrait cinq minutes à la brigade antiterroriste pour ouvrir l'avion, ce qui mènerait à vingt-cinq minutes après l'ingestion du poison. Il faudrait au moins cinq minutes à l'équipe pour évacuer l'avion. Ça mènerait à trente minutes. Ils ouvriraient le cockpit et l'arrêteraient. Au moment où ils voudraient l'emmener là où ils voulaient, il serait mort. Si le poison mettait plus de temps à le tuer, ils tenteraient de lui donner des antidotes pour contrer ses effets. C'est la raison pour laquelle il avait choisi une combinaison de deux poisons. Après une autopsie des deux cadavres, il leur faudrait une journée entière pour concevoir l'antidote.

Même si le poison mettait deux heures à le tuer, au moment où les autorités médicales le prendraient en charge, il serait mort. Le vendeur avait juré qu'il n'y avait pas d'antidote, mais en même temps, les colporteurs ne sont pas les personnes les plus dignes de confiance de la planète. Cela dit, Tom était mort, il avait donc la preuve que le dealer avait dit vrai. Tom n'avait consommé que la moitié du contenu de la première capsule.

Ce plan devait pouvoir fonctionner. Robert était satisfait. Il se redressa sur son siège, mit ses écouteurs. Il plaça ensuite la capsule dans sa poche et alluma les commandes. Il appuya sur le bouton du pilotage automatique et étudia avec attention le radar. Il tourna le bouton pour ajuster la latitude et la vitesse à l'atterrissage. Fay avait tort. Il pouvait encore changer d'avis. Il pouvait sauver les trois cents personnes afin d'être capable de faire face à Karen quand il la retrouverait.

Robert bascula en mode radio. « CTA, est-ce que vous recevez ? » lança-t-il. « Préparez la base aérienne de Nouvelle-Guinée pour l'atterrissage, je ramène l'Airbus à la maison. »

Une acclamation résonna dans le CTA. Le colonel Jack resta de marbre devant cette nouvelle. Il avait constaté trop de changements de cap chez Robert pour croire à ce qu'il disait maintenant. C'est le commandant Fay qui prit le microphone et dit : « Merci, Robert. »

Le lieutenant-général Sanders s'était tu. Il comptait sur le discours de Fay pour avoir un impact sur Robert, et ça avait fonctionné. Il suivait toujours l'avion de peur qu'il ne rompe la connexion une nouvelle fois.

« Mesdames et Messieurs, c'est votre commandant qui vous parle. En raison de circonstances exceptionnelles, notre itinéraire a changé. Nous avons débuté notre descente vers la Nouvelle-Guinée. Nous atterrirons dans environ vingt-cinq minutes. La météo en Nouvelle-Guinée est agréable. La température est d'environ vingt degrés au sol. Nous allons changer d'avion et le personnel au sol vous aidera à organiser la suite de votre voyage », annonça-t-il. Puis il conclut son annonce par : « Personnel naviguant, préparez l'avion pour l'atterrissage. »

De fortes acclamations et des applaudissements retentirent dans l'avion. Des chants sacrés jaillirent parmi les passagers et nombre d'entre eux applaudirent en rythme en remerciant Dieu.

* * *

Sarah rangea son ordinateur portable pendant que les agents de bord commençaient à donner des instructions d'atterrissage. Jim s'était redressé. Il avait hâte de passer quelques heures en Nouvelle-Guinée avec Sarah. Il s'occuperait d'elle et assurerait sa sécurité.

« On l'a échappé belle. » Sarah avait l'air heureuse. « Tu sais que nous aurions tous pu mourir aujourd'hui ? As-tu vu la force de la foudre qui a traversé l'avion ? Elle aurait pu tuer un éléphant. » Elle secoua la tête.

« Puis-je partager un secret avec toi ? » Jim regarda Sarah. « Si je pouvais choisir ma façon de mourir, ce serait dans un accident d'avion. »

Sarah le regarda, étonnée. Un garçon de dix-sept ans lui racontait qu'il avait réfléchi à sa mort.

« Quoi ? » demanda-t-elle, inquiète.

« Ouais, ce que je veux dire, c'est que je ne veux pas mourir dans un hôpital où je serai le seul à mourir et où tout le monde me regardera avec pitié. Imagine comme ça doit faire mal de savoir que toutes ces personnes vivront et que moi, je ne serai bientôt plus là. Au moins, au moment de mourir dans un accident d'avion, j'aurais de la compagnie. Et personne ne se sentirait mal parce que tout le monde mourrait ensemble », plaisanta Jim. Sarah continua simplement à le regarder, puis secoua la tête et tapota son bras. Elle était amusée par sa vision de la vie.

Ce que Sarah avait essayé de dire, c'est qu'ils auraient pu mourir. Cette proximité avec la mort avait rendu ses griefs envers Mike insignifiants. Elle avait une nouvelle vie, de nouvelles perspectives. Elle pourrait continuer à voir Mike, rester son amie et continuer à l'aimer. L'amour n'était pas obligé de s'éteindre avec la fin de la relation.

« Je vais envoyer mon manuscrit aux éditeurs », affirma Sarah.

« Tu devras m'en envoyer un exemplaire quand ton livre sera publié », dit Jim, partageant son enthousiasme.

« Pourquoi ? Tu ne veux pas être là pour partager cette joie ? » Elle se renfrogna. « Est-ce que notre relation va se terminer avec ce vol ? » se plaignit-elle, amusée.

« Je serai là. Tu peux compter là-dessus ! » lui assura Jim. L'intensité dans ses yeux donnait plus de sens à ses mots que Sarah voulait l'entendre, le comprendre.

* * *

L'avion volait à basse altitude au-dessus de l'océan. Les navires et les bateaux devenaient clairement visibles maintenant. Le temps invitait à la détente. C'était une journée parfaite pour surfer ou faire une sieste sur la plage.

Robert regarda sa montre. Il lui restait cinq minutes avant de prendre son poison. Il ferait atterrir l'avion et tout serait fini pour lui. La vie n'était pas une option. Le copilote Tom, étendu à côté de lui, lui rappelait sans cesse que le compte à rebours de sa propre vie avait commencé, même s'il avait voulu en sortir.

Il avait tout foutu en l'air. La panique et la peur que les trois cents passagers avaient ressenties au cours des cinq heures de vol, il les avait ressenties, cette panique, cette souffrance et cette peur, toutes ensemble, depuis plusieurs mois. Il soupira, soulagé que tout ça se termine. En fait, il se sentait en paix, de façon irrationnelle.

Robert regarda devant lui sans cligner des yeux, l'esprit perdu dans le néant. Les bons souvenirs de sa vie commençaient à danser dans son esprit. Il avait eu une bonne vie tout du long. Il avait su aimer, avait été capable de bonté et avait eu le sens de l'honneur. La dernière année avait été un mauvais rêve et il avait absolument besoin de se réveiller.

L'île était visible à présent. Quelle heure était-il ? Dix minutes s'étaient écoulées. Il était à cinq minutes de l'atterrissage.

Robert commença à paniquer. Il sortit la capsule de sa poche. Elle était là.

Il ouvrit lentement la capsule en en tapotant le haut pour que son contenu ne se renverse pas. Il ne pouvait pas se permettre de tout gâcher, cette fois-ci. Il regarda l'île devant lui. Il était environ à vingt-cinq kilomètres de distance.

Il ouvrit la bouche et tapota la capsule pour en verser le contenu sous sa langue. La poudre avait un goût fumé. Elle déclencha un flux de salive lorsqu'il sentit les grains fondre sous sa langue. Il regarda sa montre. Il avait encore trente minutes à vivre.

Il attendit une minute. Rien. Cela fonctionnait-il ? Rien ne se passait. Robert regarda Tom. Combien de temps avait-il fallu avant que le poison fasse effet ?

* * *

Sur la base aérienne de Nouvelle-Guinée, la brigade antiterroriste était prête. Le Bombardier avait déjà effectué deux tours et atterrirait après l'Airbus. Tout l'aéroport était vide. La piste était bouclée. Toutes les routes menant à l'aéroport avaient été bloquées.

Il y avait onze jeeps militaires qui attendaient sur le tarmac avec des soldats armés, tandis que d'autres avaient pris position autour de la base aérienne. Dix ambulances avaient été mises en file d'attente.

L'armée de l'air américaine avait fait tout son possible pour que les trois cents personnes sortent vivantes de l'avion.

* * *

« Nous atterrissons. » Paul connaissait le bruit des roues qui se déployaient. Il regarda par la fenêtre. Les eaux étaient claires.

« Oui », sourit Muttu.

Paul regarda sa montre. Au même moment, celle de Muttu sonna.

« C'est le moment », sourit Muttu en tournant le poignet pour montrer les chiffres à 0 h à Paul.

« Alors pourquoi ne sommes-nous pas morts ? » Paul était troublé.

« Ma montre avance de cinq minutes ! » Muttu sourit nerveusement.

* * *

Robert continua à bouger ses mains et ses orteils pour sentir si des signes de paralysie se produisaient. Il n'avait aucun symptôme d'engourdissement ni d'inconfort. Le poison avait fondu dans sa bouche et avait été complètement absorbé. Pourquoi est-ce que ça ne marchait pas ?

L'avion volait à quatre cent cinquante mètres au-dessus de la mer. On pouvait voir clignoter les lumières rouges des ambulances à l'aéroport.

« Oh mon Dieu ! Oh mon Dieu ! » Robert se mit à paniquer. Juste à ce moment-là, en réponse à ses prières, la vive sensation d'un coup de poignard lui traversa le cerveau. Robert ouvrit la bouche pour crier, mais la douleur l'avait assommé et le paralysait. Ses mains s'accrochaient fermement à la manette. Il avait juste besoin de la pousser de deux centimètres pour faire atterrir l'avion, il avait juste besoin de cinq minutes supplémentaires de contrôle pour pouvoir atterrir au sol. Sa vision commença à se brouiller. Plusieurs îles semblaient danser au loin. Le tableau de commande en face de lui vira en nuances de gris puis de noir. Une crampe sévère lui tordit l'estomac, contractant les muscles de son ventre. Robert se recroquevilla de douleur. Il sentit sa colonne vertébrale se fracturer en mille éclats. Dans un dernier souffle, ses poumons expulsèrent l'air hors de son corps.

Le commandant Robert étouffait. Il s'efforçait de lutter contre la douleur et sa cécité pour rester concentré sur la piste. Il devait faire descendre l'avion.

Les réflexes de Robert étaient hors de son champ de contrôle. Son corps basculait de gauche à droite dans de violentes secousses. Sa tête se mit à pendre vers le bas et sa vision s'en trouva bouleversée. Son esprit était alerte, mais son corps semblait hors de contrôle. La mort était venue s'emparer du corps et faisait sortir la vie.

Une vive douleur traversa les yeux de Robert. Il ouvrit la bouche pour crier, mais ses poumons s'étaient déjà repliés. Il sentit d'abord son corps basculer en arrière, puis se soulever et, enfin, tomber en avant, sa tête frappant la manette des gaz et la poussant à fond.

« Nooooon ! » Robert poussa un hurlement silencieux alors que le nez de l'avion plongeait à 45 degrés vers la mer.

* * *

Le plongeon de l'avion arracha tous les passagers à leur fauteuil, les ceintures de sécurité retenant leurs corps suspendus aux sièges.

Sarah ouvrit la bouche pour crier, mais le son se noya à mi-chemin dans sa trachée. Le plongeon l'avait mise, comme tant d'autres, en état de choc. La main de Jim lui saisit l'épaule.

« Mais... nous allons mourir ! Nous allons mourir ! » balbutia Sarah dans un bégaiement hystérique.

Jim tenait l'appuie-tête d'une main et Sarah de l'autre. « Je sais », murmura-t-il. « Et je serai avec toi. »

Le téléphone de Paul était tombé de sa poche quand son corps avait été projeté en avant dans l'inclinaison de l'appareil. Les deux bras attachés au siège, sa tête tournée vers la fenêtre, il ne voyait que l'océan qui se dirigeait à toute vitesse vers lui.

« Ça y est ! » murmura-t-il. « Ça y est ! » cria-t-il à Muttu pour qu'il entende, plus fort que les cris, les sanglots et les pleurs qui résonnaient dans l'avion.

Les yeux de Muttu étaient fermés. Son corps était confortablement suspendu à sa ceinture. Ses lèvres, qui murmuraient un chant, semblaient trembler.

Paul voulait le retenir. Paul voulait lui parler. Mais Muttu était déjà sur le chemin, vers un autre avenir.

Au moment où l'on peut voir que la fin est proche, l'impuissance est totale. Hurler, crier et protester sont alors des actions totalement futiles. Il y avait des larmes. Pas des larmes de douleur, mais de celles chargées de la peur de perdre, de la peur de mourir. Un effort futile déployé pour éviter la perte des corps et faire face à la mort des corps matériels. Les dieux étaient sollicités pour une dernière intervention divine. Des prières leur étaient adressées pour préserver la matière, pour conserver le voile de l'illusion, le Maya éloignant les personnes de la vérité. Mais les dieux ne faisaient que ce qu'ils savaient faire le mieux : permettre aux esprits éternels d'accéder à la vérité, leur donnant une dernière chance de s'éveiller par eux-mêmes, et en les laissant partir.

Lors du plongeon, tout le corps de l'avion avait été projeté vers le nez depuis la queue, induisant un mouvement semblable à un arc perpendiculaire au sol. Les passagers avaient été projetés en avant et un silence assourdissant avait soudainement régné. L'avion avait ensuite reculé de quelques degrés et s'était dirigé tout droit vers l'océan, dans une chute de sept secondes dans l'océan Pacifique.

Toute la base aérienne de Nouvelle-Guinée regardait sans voix, assommée. Le général du CTA lui aussi avait perdu la voix. Alors qu'il tenait le micro en main pour entrer en contact avec le commandant, mais aucun mot ne sortait de sa bouche.

Le temps s'était arrêté à ce moment émotionnel extrême. Tout comme la mort suspend le corps dans le néant pour toujours, l'émotion de l'extase fait la même chose. C'étaient les dernières et sept secondes les plus longues de la vie des passagers du vol SL502.

Quand la fin est proche, quand le temps est écoulé, l'esprit le sait. Quoi qu'on se dise, quand on se trouve devant la fin de ce chemin appelé la vie, on le sait. Que fait-on alors ? La mort a-t-elle besoin de préparation ? Si vous ne savez pas comment mourir, cela signifie-t-il que vous ne mourrez pas ? Le SL502 transportait trois cents personnes qui savaient. Elles savaient comment vivre et elles savaient comment mourir, car elles l'avaient déjà fait plusieurs fois. Le SL502 ramenait trois cents vieilles âmes à l'endroit d'où elles venaient — il ramenait trois cents vieilles âmes à leur liberté.

* * *

Tandis que l'avion s'inclinait plus encore, la pression s'accentua dans la tête de Muttu alors que l'adrénaline augmentait dans une ultime et désespérée tentative de protection de son corps contre les chocs. La main de Jim était serrée contre celle de Sarah dont le corps tremblait comme un poisson hors de l'eau, puis se vida de son énergie dans la seconde qui suivit. Paul était attentif à chaque instant, chaque mouvement de chaque minute, chaque battement de cœur, chaque souffle.

La seconde suivante marqua une guerre entre le corps et l'âme, l'âme souhaitant se libérer du traumatisme qui l'attendait quelques secondes plus tard et le corps s'accrochant à l'âme dans l'espoir de survivre. Jim pouvait sentir des convulsions de Sarah. Elle partirait bientôt et il voulait être là quand elle le ferait, avant de la suivre.

La troisième seconde secoua tout leur corps, alors que l'âme se retirait de leur dernière alliance. Lorsque l'âme rejette le corps, il subit un choc qui l'entraîne vers sa mort définitive. Lorsque le corps rejette l'âme, il la laisse en état de choc, son attention étant concentrée sur la perte de ce corps et du monde qui l'entoure. Les yeux ouverts, le cœur arrêté, le système nerveux éteint, le corps de Muttu s'affaissa comme de la gelée à la suite des secousses et des mouvements de l'avion. Sarah était sur le point de s'effondrer comme un robot qu'on aurait débranché, s'écroulant à mi-chemin. Jim tomba en avant, son bras attaché au cadavre de Sarah. Paul fut le dernier à partir. Une contraction de son cœur fit exploser ses artères.

La quatrième seconde conduisit à une élévation, un détachement lors duquel les corps tombèrent et les esprits s'élancèrent, libres.

Les cinquième, sixième et septième secondes furent les plus longues, dans un espace où le temps n'a plus d'importance, où le calme devient une façon de vivre, où l'attention se répand en entraînant une compréhension, une propagation omnisciente.

Un par un, les corps frappés par l'horreur commencèrent à s'effondrer, comme s'ils suivaient la trace de ceux qui étaient partis. Chacun d'entre eux avait mis un terme à sa vie matérielle et libéré son esprit, comme par instinct, sur une intuition, sachant que le temps du corps était écoulé et que le temps de la progression de l'esprit avait commencé.

Le nez de l'avion toucha l'océan en premier, créant une brèche dans l'eau au point de collision. L'eau se fendit avec l'impact, envoyant des vagues terrifiantes sur l'île. L'avion s'inclina sur le côté. L'aile gauche s'était détachée de l'avion sous le choc, libérant une grande quantité de carburant dans l'océan. L'avion flotta pendant une fraction de seconde puis tomba latéralement sur l'eau, une aile suspendue dans les airs.

Il y avait un corps encore vivant contre sa volonté, témoin de la mort dans sa gloire la plus éclatante — le commandant Robert. Ses yeux et sa bouche étaient ouverts. Son esprit était trop choqué, accroché à un moment de grâce divine, pour sauver l'avion.

Le verre du cockpit se brisa avec fracas lorsque l'océan entra, furieux, contre Robert, avalant la folie qui avait régné dans le cockpit depuis cinq heures.

Le SL502 flotta encore quelques secondes, permettant ainsi à des millions de personnes au sol de voir des images qui les hanteraient, à chaque vol qu'elles effectueraient, pendant des années. Dès que la queue toucha l'eau, l'avion entama sa descente rapide vers le fond de l'océan. Pendant quelques secondes, la seule chose encore visible fut l'aile qui ressemblait à la nageoire d'un sinistre requin géant, puis elle disparut.

Le vol SL502 s'était écrasé à trois kilomètres de la piste d'atterrissage de Nouvelle-Guinée.

À LA FIN – QUE L'AMOUR GAGNE

L'Airbus de la Skyline Vol SL502 avait coulé comme un rocher au fond de l'océan. Trois hélicoptères tournoyaient dans les airs comme des oiseaux affamés déçus de la fuite de leur proie. Le Bombardier allait et venait à un rythme assourdissant, comme pour démentir sa défaite.

Une équipe de plongeurs sortit des hélicoptères pour suivre le naufrage de l'Airbus. Leur arrivée en quelques minutes fut une surprise pour les spectateurs. Les pompiers, l'armée de l'air et la marine sont prêts à affronter une catastrophe 24 heures sur 24 et 7 jours sur 7. Ils s'étaient tenus prêts à cette éventualité, tout en espérant que l'avion atterrirait en toute sécurité et qu'on n'aurait pas besoin d'eux.

Le naufrage avait créé un fort courant qui tourbillonnait vers le fond de l'océan, aspirant les plongeurs dans la direction de l'avion.

L'Airbus avait touché le fond de l'océan. Un nuage de boue s'élevait du fond, engloutissant l'avion et bloquant la vision des plongeurs. Le nez solidement enfoncé dans le sol, à quelques centaines de mètres sous le niveau de la mer, l'appareil craqua et gémit avant de céder à la pression de l'eau et à la force centrifuge. Il se fendit en son centre et se sépara en deux parties.

Des kilomètres à la ronde, tous les yeux étaient rivés sur l'océan, témoins d'une des catastrophes les plus meurtrières de la décennie. Le crash de la SL502 était un spectacle public.

* * *

Le silence dura quelques secondes, puis l'atmosphère se chargea d'une dense présence spirituelle.

« Est-ce que c'est l'enfer qui est apparu ? »

« Je suis mort ! »

« Nous sommes tous morts. »

« Est-ce que je suis mort ? »

« Vais-je aller en enfer ? »

« Quelqu'un peut-il voir la lumière ? »

« Où est ce salaud de commandant ? »

Les trois cents passagers du vol SL502 avaient été les témoins du plus grave accident d'avion de l'histoire de l'aviation, où trois cents corps avaient péri, et où trois cents âmes avaient survécu.

* * *

« Que se passe-t-il, ici ? »

Confusion et chaos emplissaient l'air. Trois cents âmes avaient été extraites de leurs corps. Pendant quelques instants, un sentiment de perte, de confusion et de chagrin s'installa parmi elles. L'attention de la plupart de ces êtres restait bloquée sur la perte de leur corps. L'atmosphère était lourde d'émotion. Comme une prise de conscience collective d'un objectif raté. Toutes les raisons d'être étaient liées au corps. Sans corps, leur but avait disparu lui aussi.

Certains frappaient leur cadavre, en état d'impuissance, incapables de retrouver leur état physique, pleurant sa perte. D'autres couraient rageusement dans tous les sens, quelque chose qu'ils avaient l'habitude de faire dans leur vie quotidienne quand les choses ne se passaient pas comme prévu. La plupart d'entre eux restaient là, suspendus dans le temps, toujours confus sur ce qui venait de se passer. Ils n'avaient pas encore accepté la perte de leur corps ni leur état spirituel sans corps.

Quelqu'un posa la question innocente : « Alors... sommes-nous tous morts, maintenant ? »

« Hé, je n'avais pas prévu de mourir, j'avais une réunion importante où je devais me rendre ! » se plaignit une âme naïve.

« J'allais me marier la semaine prochaine ! »

« On devait m'opérer pour une prothèse du genou ! »

« Je me rendais à la première représentation théâtrale de ma fille ! »

« Je venais d'acheter une nouvelle maison ! »

« Ce n'est pas juste. Tous nos plans contrariés. Nos vies, perdues, à cause des actes d'un fou ! »

« Bon sang, où est ce foutu commandant ? Je vais le traquer et le tuer ! »

« Mais il est déjà mort ! »

« Alors je passerai l'éternité à le lui faire payer ! »

« Pourquoi gaspiller votre éternité à vouloir vous venger ? »

« Il a besoin de prendre une leçon ! »

« En lui enseignant cette leçon, qu'aurez-vous appris ? »

Il y avait des gerbes de colère puis de calme. L'espace était saturé par la charge émotionnelle.

Les trois cents âmes s'étaient retrouvées dans l'avion pour une raison : la liberté, mais toutes n'étaient pas encore prêtes pour elle. Pourtant, elles avaient chacune encore une chance de reconnaître la futilité de l'existence matérielle qu'elles avaient laissée. Cependant, toutes n'étaient pas disposées à voir les choses ainsi. Ici, elles avaient une autre chance, sous le couvert de la mort, d'être libres, pas seulement libérées de leur corps, mais aussi de leurs liens avec le matérialisme. Ces mêmes liens qui les enfermaient dans les mensonges de la mortalité... Mais peu d'entre elles recherchaient ne serait-ce qu'une seule occasion de s'en libérer.

L'attroupement au-dessus du lieu de l'accident commença à se disperser. Certaines âmes partaient, en furie, à la recherche du commandant Robert. D'autres se tournaient vers leur vie matérielle, survolant ce qui était autrefois leur maison, leurs biens et leur vie. Et quelques-unes étaient déterminées à retrouver leur place dans le cycle d'une nouvelle naissance. Elles faisaient donc la queue pour avoir un nouveau corps, non pas parce qu'elles voulaient redevenir spirituellement asservies, mais parce qu'être incarnées dans un corps était devenu pour elles une habitude, comme une seconde nature. Le lien matériel apportait la sécurité de quelque chose de familier. C'était comme un jeu auquel elles jouaient depuis si longtemps que tout ce qu'elles savaient était y jouer et qu'on y joue avec elles.

Parmi toute cette confusion spirituelle, il y avait quelques âmes évoluées, des êtres spéciaux qui s'étaient retrouvés à la rangée 26. Ces âmes curieuses, qui partageaient les mêmes vues, étaient restées ensemble.

* * *

C'était un ciel bleu sans nuages. On y voyait clairement un passage entre la Terre et les autres mondes pour quiconque souhaitait emprunter cette voie vers la liberté. Mais il n'y avait pas encore preneurs.

Un grondement, puis un rugissement retentirent sur l'océan. C'était Muttu.

Sa prédiction s'était réalisée. Il avait vu l'avenir et l'avait embrassé avec grâce.

« C'est toi, Muttu ? »

« Eh bien, c'est ainsi qu'on m'appelait dans le monde physique, mais oui, c'est bien moi, Paul. » Un grondement se fit de nouveau sentir au moment où les deux êtres laissèrent émaner une énergie électrique, témoignant du passage du matériel au spirituel.

« C'est parti. Tout est parti. Le corps. Le travail que j'avais fait. L'empire que j'avais construit. La famille, les amis, l'intimité, tout a disparu. Dieu, que je me sens soulagé ! » dit Paul.

« Wow, je me sens en apesanteur, sans forme définie et pourtant si conscient », s'exclama Muttu, exalté.

« Est-ce qui je suis réellement ? J'ai dû tout perdre pour découvrir qui je suis vraiment. Et me voici. Je peux voir sans yeux, je peux entendre sans oreilles, je peux parler sans bouche et ma conscience transcende toutes les frontières. Je suis libre », se réjouit Paul.

« Et maintenant ? Vers où aller ? Que dois-je faire ? »
continua-t-il.

« C'est ce que j'ai essayé de discerner toute ma vie. Aucune des réponses ne correspond à ce que je ressens en ce moment. Un soulagement au-delà des mots », transmit Muttu.

« Peux-tu sentir une forte onde d'affinité à proximité ? » Paul ressentait un sentiment croissant d'amour envahir leur espace.

« Oui, ce sont eux. » Muttu pouvait sentir la présence de Sarah et Jim.

« Je vous ai trouvés ! » s'exclama Jim avec joie. La barrière du corps et ses contraintes disparues, Jim pouvait à présent voir Sarah comme l'être spirituel qu'il avait aimé depuis l'éternité. L'affinité et l'attirance qu'il ressentait pour elle, depuis qu'il l'avait vue, n'avaient pas été purement physiques. C'était un lien inexplicable qui l'avait attiré vers elle. Ce même lien, qui l'avait poussé à prendre ce vol, à rester avec elle dans ces derniers moments, et qui conduirait à leur union une fois de plus.

« Je te cherchais depuis si longtemps. Je t'ai cherchée chez toutes les personnes que je rencontrais. Essayant de retrouver cette connexion, ce lien que je partage avec toi. Je suis si heureux de t'avoir enfin trouvée. » L'amour de Jim était en train de s'étendre, inondant tous ceux qui s'approchaient de son espace.

« Pourquoi est-ce que je ne m'en souviens pas ? » Sarah était submergée par l'affinité qu'elle partageait avec Jim. Il était beaucoup plus jeune qu'elle, dans son corps, et cela limitait et définissait ses sentiments et sa relation avec lui. Une fois le corps parti, les âmes sans âge et intemporelles étaient réunies dans un sentiment unique et inné, l'amour, et l'unique relation qui définit toutes les relations spirituelles, la cocréation.

Ils étaient maintenant dans une tranquillité leur permettant de se reconnaître pour ce qu'ils étaient vraiment — ce qu'ils n'avaient pas fait pendant leur vie terrestre.

Jim avait laissé sa place à Sarah. En tant qu'être spirituel, il savait qu'il l'aimait et cela suffisait. Sarah avait oublié et cela n'avait aucune incidence sur ce que Jim ressentait. L'amour n'est pas défini par réciprocité. C'est un sentiment qui émane de vous et qui touche ceux qui entrent dans votre espace.

* * *

« Le commandant n'est qu'un assassin ! Ce salopard ! Il m'a d'abord empoisonné, puis l'hôtesse de l'air négligente a empoisonné Joe. La démence du commandant m'a tué sans pitié. » La colère de Tom emplit l'espace, perturbant la paix et l'amour de ces quatre âmes évoluées.

« J'ai suivi l'avion. Je voulais juste m'assurer qu'il atterrirait en toute sécurité pour que les autres ne soient pas victimes de sa folie, comme Joe et moi. Mais ce maniaque a fait tomber tout le monde. »

« Comment pouviez-vous vous assurer que l'avion atterrirait ? Puisque vous étiez déjà mort... » Muttu tentait de détourner l'attention de Tom du chagrin et de la colère pour l'entraîner vers son état spirituel.

« Vous ne comprenez pas ? Le corps a besoin de force pour créer de l'action alors que l'esprit n'a besoin que d'intention. Comment communiquez-vous en ce moment ? Vous n'avez pas de corps, pas de voix et je n'ai pas d'oreilles. Alors comment communiquons-nous ? Avec nos intentions. C'est ainsi que j'essayais de faire en sorte que l'avion atterrisse », expliqua Tom avec colère. Il était tellement consumé par la rage que, bien qu'il soit spirituellement éclairé, il ne pouvait pas voir.

« Est-ce que vous êtes si puissant ? Même sans votre corps, pouvez-vous influencer et contrôler un avion ? » Muttu tentait de l'aider à comprendre son erreur. Rester dans un état d'esprit négatif était une marque de fabrique du monde matériel, ce monde qui tentait de ramener Tom vers lui.

Tom était toujours accroché à l'injustice qui lui avait été faite. Il ne comprenait rien et n'arrivait pas à accepter la vérité de ce qu'il était vraiment. Il était furieux d'avoir été tué et ne pouvait tout simplement pas voir que cette tentative était une impossibilité spirituelle.

Un déchaînement spirituel se préparait juste au-dessus du site où la connexion matérielle, les corps physiques, se transformaient en boue. De nombreux êtres étaient engagés dans une quête de vengeance. Ils étaient entraînés dans le même jeu qui les avait piégés dans le monde matériel : « Vous avez pris ce qui m'appartient et maintenant je vais me venger. »

« Hey ! » Muttu attira l'attention de Tom sur le moment présent, avant qu'il ne replonge dans le monde matériel pour chercher un autre corps, afin de mettre en balance l'injustice karmique à laquelle il se sentait soumis. En essayant de se venger, le condamné ne pouvait devenir qu'un bourreau et le cycle du karma se poursuivrait, emprisonnant ainsi la victime et le prédateur, vie après vie.

« Reprenez le contrôle ! Tous ceux qui sont morts aujourd'hui ne possédaient pas un corps immortel. Le corps devait mourir un jour. Quel jour, personne ne le sait. Comment auriez-vous préféré mourir de toute façon ? Maladie ? Infection ? Accident ? Meurtre ? Peu importe ce que vous avez fait, quelqu'un ou quelque chose vous aurait forcément tué. Un virus aurait, peut-être, mis un terme à votre vie, ou une bactérie, ou vous auriez pu mourir sous la pression de la vie, ou peut-être d'un accident. Aucun de nos corps n'est conçu pour l'immortalité. Alors, pourquoi vous énervez-vous d'avoir quitté votre corps aujourd'hui ? L'intervention de Robert était accessoire dans un match destiné de toute façon à se terminer. »

« Ce n'est pas une explication rationnelle. Je n'ai pas choisi de mourir. J'avais un objectif que je n'avais pas encore atteint. Il y a tellement de choses que je voulais faire. Et maintenant, tout est parti en fumée », enrageait Tom.

Jim, Sarah et Paul restaient immobiles, gardant leur calme. Ils pouvaient comprendre la naïveté de Tom puisqu'ils luttaient eux-mêmes pour savoir qui ils étaient vraiment et quel avenir ils souhaitaient.

« C'est l'histoire de la plupart des gens qui prennent leur vie sur cette planète pour acquise. » Muttu tenta de rendre la situation plus claire.

« Là où il y a une raison d'être, il doit également exister un sentiment d'urgence pour l'accomplir. Il n'y a pas que les intentions contraires des autres et les obstacles divers liés aux circonstances, le temps est le principal obstacle. Si on a quelque chose d'important à faire, il faut le faire maintenant.

Si on a quelque chose d'important à dire, il faut le dire maintenant. Si vous avez quelque chose d'important à incarner, alors que ce soit maintenant. Demain ne se présentera pas pour tout le monde.

Et qu'avez-vous perdu ? Un corps qui se dirigeait vers sa fin ? Qu'avez-vous gagné maintenant ? Pourquoi pleurez-vous la perte de biens matériels ? Vous avez craint cette perte quand vous étiez en vie et vous la déplorez alors que vous êtes physiquement mort. Mais êtes-vous vraiment mort ? Vous vous êtes tellement identifié à votre corps que vous ne pouvez même pas distinguer ce qui est mort ! N'avez-vous pas dit à l'instant que vous étiez plus puissant que votre corps ne pourrait l'être ?

Pourquoi êtes-vous incapable de célébrer votre libération de ce monde matériel, tout ce qui vous a gardé en état d'amnésie ? Pourquoi ne pouvez-vous pas célébrer un nouvel état, celui de votre vrai moi ? » Les phrases de Muttu amenèrent le silence dans l'espace de Tom. Il commençait à prendre conscience de son état spirituel, mais sa colère envers Robert le maintenait dans le déni.

Muttu était une âme évoluée, tout comme Tom. Tom avait juste besoin de se calmer et de percevoir la vérité.

« Alors, selon vous, je devrais être reconnaissant à Robert de m'avoir tué ? Vous voulez dire que ma vie était un gâchis et que je devrais être reconnaissant maintenant que je suis mort ? » Tom était maintenant plus calme, mais restait immergé dans ses griefs. Tom était celui qui avait été le plus touché dans l'accident d'avion. Il avait été le premier à être tué, et d'une mort horrible. Cette douleur avait secoué son esprit. Sa colère était justifiée.

« La vie est un jeu très spécial si l'on y joue avec une conscience spirituelle. Si l'on perd sa véritable identité ou si l'on oublie ses véritables capacités, il se crée une envie secrète de mourir pour pouvoir redevenir soi-même. La vie n'est pas gâchée, si elle est vécue dans la conscience de qui l'on est vraiment et quel est le sens de notre vie.

Nous sommes libres, maintenant. Conduisons-nous avec la dignité qui sied à des esprits libres. Continuer à percevoir les choses avec une attitude matérialiste ne fera que nous ramener à elle. Regardez bien ce que vous avez laissé derrière vous ; voulez-vous vous inscrire dans ce jeu à nouveau ? »

« Alors pourquoi quelqu'un doit-il vivre ? Devrions-nous être reconnaissants envers les terroristes et les psychotiques comme Robert parce qu'ils ont tué et libéré des personnes ? De quoi parlez-vous ? La mort est-elle la réponse au besoin de liberté ? Si telle est votre théorie, alors tout le monde devrait simplement se suicider pour être libre ! » éclata Tom, dans une colère aux vibrations denses se répercutant dans l'espace environnant.

« La vie et le fait de vivre ont un sens. Si chacun est motivé par la raison d'être, de créer un monde meilleur dans une vision d'amour, de bonté et de progression spirituelle, alors la mort n'est pas la fin de cette création. En fait, vous n'êtes pas obligé de mourir pour être libre. Vous êtes libre lorsque votre raison d'être est alignée avec votre grandeur spirituelle. Cependant, lorsque le sens de votre vie tue votre esprit et celui des autres, la vie elle-même devient une condamnation à mort. La mort n'est pas la réponse à la recherche de liberté spirituelle. La mort de l'attachement au matérialisme, la mort du besoin de détruire les autres pour un gain personnel, la mort de la folie qui mène à la misère, c'est cela qui mène à la liberté.

Il faut être libre spirituellement dans le monde matériel pour être vraiment libre quand on part. Les personnes qui se suicident sont des personnes qui n'ont plus de raison de vivre. Elles sont vaincues par la vie et continuent d'être vaincues après la mort. Comment pourraient-elles être des esprits libres ? Ce sont des êtres abîmés qui ont trop peur d'assumer la responsabilité d'un jour de plus à leur vie. La peur dirige leur esprit, car la décision de mettre fin à leur vie est une décision de l'esprit et non du corps. Cet esprit qui a peur n'est pas libre. Les personnes qui prennent la vie des autres sont encore plus perturbées. Elles croient qu'elles doivent détruire les autres, pour pouvoir vivre. Il y a aussi celles qui sont victimes, se font prendre au piège du mépris, de la haine et de la vengeance. Elles reviennent comme les psychotiques par lesquels elles ont perdu la vie. Elles meurent en s'accrochant aux sentiments d'injustice et de vengeance. Un esprit qui est consumé par la haine n'est pas libre. Un esprit qui prend plaisir à détruire les autres est un agent de Maya, coincé et déterminé à piéger les autres. Ces êtres ne sont pas libres, dans la vie ni dans la mort.

Avoir un corps ou ne pas en avoir, ceci ne définit pas la liberté. Vous êtes aussi libre que vous êtes détaché de votre envie de vous adonner à Maya, l'illusion de la mortalité. Êtes-vous un être mortel ? C'est que vous êtes une âme puissante avec l'éternité pour vous. Vous ne pouvez pas mourir et personne ne peut vous tuer. C'est la vérité alors que vous avez vécu dans un mensonge. Vous êtes libéré de ce corps, maintenant. Vous risquez de voir les choses à travers le Maya, le jeu dans lequel vous devenez la conséquence d'une cause matérielle. Peu importe que vous tentiez de jouer à ce jeu, vous perdez toujours à la fin. »

Le silence marqua un instant de réflexion, une pause bien nécessaire pour se recaler dans son « moi spirituel » inné.

Un silence absolu régnait. La colère de Tom avait disparu. Que ce soit le calme du trio qui l'ait submergé ou la propre reconnaissance de son état spirituel, la vibration de Tom avait changé.

« Qui êtes-vous ? » demanda-t-il à Muttu.

* * *

« Que se passe-t-il ? Comment suis-je arrivé ici ? Qui suis-je ? Que dois-je faire maintenant ? » Sarah, comme beaucoup d'autres, avait perdu la mémoire. Elle avait oublié qui elle était et d'où elle venait. Sans toutes ces informations, comment pourrait-elle savoir où aller ? Lorsque la confusion spirituelle prévaut, le Maya propose une solution, vous emprisonnant ainsi dans sa toile mensongère, une fois encore.

« Tu es l'une des forces les plus puissantes de cet univers. Tu as la possibilité de créer ton propre univers comme bon te semble. Tu es une âme spéciale. J'ai passé de très bons moments et vécu de grandes aventures avec toi », dit Jim, essayant de partager son espace de connaissance avec Sarah.

« Je venais d'où ? Comment sommes-nous arrivés ici ? » Sarah était toujours confuse.

« Tu sauras. Tu te souviendras. Et quand ça viendra, tu sauras également qui tu es. Ce que je te dis n'a pas d'importance. Ta connaissance est la seule vérité dont tu aies besoin. »

* * *

« Qui es-tu ? » Tom était concentré sur Muttu, dont l'espace était en pleine expansion.

« Je suis une âme puissante, omnisciente et indestructible », répondit Muttu. « Comme toi. »

« J'ai quitté mon univers, il y a des milliards d'années, à la recherche d'un peu de stimulation. Je voulais découvrir certains éléments de l'inconnu. De retour à la maison, tout était serein et parfait. J'avais soif de connaissance. Depuis trop longtemps. Je m'ennuyais. Je cherchais un peu d'amusement, de mystère et des problèmes que je pourrais régler. Je cherchais quelque chose à faire, à créer. Je voulais de l'action. Cela faisait trop longtemps que je restais calme et immobile.

C'est à ce moment-là que les recruteurs de l'univers matériel sont venus avec leur invitation. Leur proposition ressemblait à une plaisanterie spirituelle. Ils ont parlé de Maya. Quand j'ai entendu parler du concept d'illusion, j'ai été fasciné par cette impossibilité. Ils ont dit que j'oublierais qui j'étais. Que je perdrais mes repères. Je serais mis dans un corps et deviendrais l'esclave de lois matérielles stupides. Ils ont dit que je n'aurais aucun souvenir de qui j'étais, d'où je venais, et quels étaient mes talents et les dons qui m'étaient innés. Je vivrais dans la peur et la contrainte.

Ce jeu semblait être le plus stupide de tous les temps. Comment cela pouvait-il être possible ? J'étais amusé que quelqu'un ose même penser à piéger un esprit dans un objet matériel. Amusé, certes, mais j'étais aussi curieux.

Comment pourrais-je éventuellement entrer dans un espace de chair d'un mètre quatre-vingts sur environ cinquante centimètres ? Cela semblait impossible. Regarde ma taille. Regarde comme je suis immense ! Je peux étendre et élargir mon être sur toute la planète si je le souhaite. Regarde la quantité de force et d'énergie que je porte. Comment pourrions-nous, toi et moi, nous intégrer dans un petit corps matériel ? De plus, comment l'oubli serait-il possible ? Je sais tout. Je sais ce que je suis. Comment cela pourrait-il changer ? J'ai assez de force pour faire s'écrouler le Maya et tout cet univers. Pourquoi devrais-je avoir peur ou obéir à des ordres ? J'étais curieux. Je pensais que j'allais venir ici et que j'allais bien rire.

C'était une erreur mortelle. Depuis ce jour, je paie pour ce faux pas.

Une fois que j'ai été dans le monde matériel, la série d'incidents qui se sont déroulés a entraîné une réduction de mon être et mon énergie s'est tarie. Les changements m'ont fait perdre la vérité sur qui j'étais. Les jeux avec leurs chocs à répétition m'ont rendu si petit et si éparpillé que je pouvais me glisser non seulement dans le corps d'un homme mais aussi dans celui d'un rat. L'univers matériel a des mécanismes de dégradation capables de réduire un être spirituel omniscient, indestructible et tout-puissant en une étincelle d'énergie presque morte. C'est ainsi que vous pouvez prendre un être spirituel massif, le réduire à un état proche de zéro et le rendre conforme.

Le Maya ne peut pas vous détruire, mais ses violences répétées peuvent disperser votre énergie, altérer vos connaissances, dissoudre votre pouvoir et réduire radicalement vos capacités spirituelles. Le résultat final est un esprit robotisé, obéissant et complaisant qui s'identifie au corps. Que ce soit pour vous, pour moi et nos autres semblables. »

Tom et Sarah écoutaient, atterrés.

« Vous vous souvenez de tout ça ? Vous savez tout cela ? » Sarah était abasourdie.

« Tu savais également ? » dit Sarah, interrogeant Jim.

« J'ai eu un parcours similaire — terminer ici dans l'univers matériel, dans cet état, est une réalité commune que nous partageons tous. Le Maya est l'illusion qui voile la vérité spirituelle. Le Maya est une force qui nous consume et nous contamine avec des virus qui nous maintiennent scotchés à la mortalité », raconta Jim.

« Vous le saviez aussi ? » Tom était surpris que Paul soit une âme évoluée.

« J'en avais une petite idée. Je me suis souvent senti déconnecté du monde matériel. J'ai ressenti un sentiment de liberté dans ces accès de détachement. Les cinq dernières heures passées avec Muttu ont ouvert les portes à la vérité que je cherchais. Je l'ai finalement trouvée en moi.

Je me sens libre. J'ai maintenant l'espace que je désirais ardemment. J'ai besoin de ce calme pour réaliser qui je suis vraiment. Je tiens pour sûr le fait que je ne suis pas mortel. Je tiens pour sûr le fait que je n'appartiens pas à cet univers matériel. Je voudrais découvrir, ici, dans mon silence, où je suis déjà allé et où je vais encore aller. Parler avec Muttu a déclenché une prise de conscience en moi. J'ai pu reconnaître la vérité dans ce qu'il disait. Je sais qu'avec le temps, je connaîtrai ma vérité et mon éternité », déclara Paul.

« Peut-on aller au-delà des illusions de Maya ? Peut-on les briser ? Comment faire ? » Tom éprouvait un mélange de peur et de sentiment de liberté.

« Savoir l'identifier, c'est le détruire. Une fois que vous avez compris, vous êtes libre. Quand vos objectifs ne sont pas liés au matériel, vous vous dirigez vers un ordre spirituel. Lorsque le gain matériel et la perte matérielle ne définissent plus votre état, vous êtes passé à un niveau supérieur de conscience spirituelle. Et lorsque vous passez par-dessus la peur de perdre, la peur de mourir, vous ouvrez la porte menant à votre propre éternité. Savoir, c'est détruire le Maya. Ne pas savoir, c'est rester dans son piège pour toujours. »

« Comment avez-vous su, Muttu ? Comment avez-vous su ? Pourquoi est-ce que je ne me souviens de rien ? » Sarah était stupéfaite. Elle pouvait s'identifier à son histoire. Cela lui parlait, mais elle ne pouvait tout simplement pas se débarrasser de l'amnésie qui l'avait frappée.

« J'ai eu de l'aide », avoua Muttu.

« Tu te souviendras. Finalement, la vérité émerge des ombres sombres des mensonges. D'autres êtres m'ont aidé. J'ai commencé à me rappeler qui j'étais. Je pouvais voir une réalité au-delà de l'illusion. Je pouvais voir à travers le monde matériel sans avoir de corps matériel. Ces êtres spirituels me guidaient, me montraient l'erreur de Maya et me maintenaient au-dessus.

J'avais des rêves dans lesquels je voyais la vérité dans la réalité éveillée. J'avais des flashs de mon pouvoir et ensuite j'ai commencé à en faire l'expérience dans ma vie quotidienne. J'ai admiré la vraie liberté de ces âmes évoluées, puis j'ai commencé à la découvrir en moi, dans mon quotidien.

J'ai commencé à me déconnecter de la vie matérielle. Je me suis donné le but de servir les autres sans rien attendre en retour. J'ai donné pour le souci d'apporter une conscience spirituelle, comme ces êtres l'ont fait pour moi. J'ai parlé pour les encourager à atteindre un niveau plus élevé de vérité, comme ces êtres qui m'avaient aidé à voir. Plus je tendais la main aux gens pour les aider à voir au-delà de leur destin matériel, plus je me sentais libéré », raconta Muttu.

« Comment vous êtes-vous souvenu d'où vous veniez ? Comment avez-vous vu ça ? », demanda Sarah.

« Quand vous savez qui vous êtes, vous n'avez pas besoin de vous souvenir, vous savez ! » dit Muttu.

« Sont-ils toujours là ? » Elle était curieuse.

« Oui, ils sont là. Bien qu'ils puissent errer librement et s'engager dans des activités dignes de leur grandeur, ils sont ici. Pour aider une autre âme perdue à voir la vérité. Pour aider une autre âme perdue à surmonter le piège de Maya et à être libre. Ils sont ici. Et je suis ici parce qu'ils se sont suffisamment souciés de m'aider à voir au-delà des règles de la mortalité par lesquelles je vivais », reconnut Muttu.

« Tu savais aussi ? Comment as-tu su, Jim ? » Sarah se tourna vers Jim.

« Je n'ai jamais oublié », répondit Jim.

« Comment est-ce possible ? Tu savais qui tu étais et d'où tu venais ? Même pendant que tu vivais ta vie de Jim, sur Terre ? » Sarah n'y croyait pas. Était-elle la moins évoluée de tous ces êtres puissants ?

« Je suis amoureux. Comment quelque chose peut-il toucher à ça ? L'amour est plus grand que Maya. Aucune illusion ne peut ternir l'amour. L'amour est pur. L'amour passe à travers les ténèbres les plus épaisses, à travers les jeux les plus meurtriers, à travers le matériel, le non-matériel ; diable, ça passe au travers de tout. Je ne suis pas venu ici par curiosité, pour jouer au jeu ou pour défier Maya. Je suis venu ici pour toi. »

La vibration de Sarah devint dense. Elle commençait à se renfermer.

« Je ne me rappelle pas », marmonna-t-elle, contrariée.

« Je suis ici. Tu sauras. Tu sauras qui tu es. Je sais juste cela », la rassura Jim, englobant Sarah dans son espace. Elle ressentit un sentiment de paix et un calme dont elle avait oublié l'existence.

* * *

« Et maintenant ? » Paul souleva la question que tout le monde se posait.

« Vous êtes libre de choisir ce que vous voulez être. Voulez-vous être dans un autre corps ? Voulez-vous errer librement ? Voulez-vous vous échapper et construire un autre monde ? Vous êtes libre de choisir », s'exclama Muttu.

Le silence régnait, maintenant. Muttu prit les devants pour ouvrir le chemin : « Je veux aider. Bien que ce que je veuille vraiment faire, c'est sortir de cet univers matériel et goûter à nouveau à la vraie liberté, je tiens à rendre la gentillesse qui m'a été accordée », déclara-t-il.

« Ma famille, mes compagnons d'âme, sont encore enfermés dans la croyance qu'ils sont des êtres mortels. Ils sont toujours dans ce piège où la peur domine la vie quotidienne. Ils sont toujours liés par le coup du lapin du monde matériel. Je veux veiller sur eux, les aider à voir la vérité sur qui ils sont. Je veux être là pour m'assurer qu'ils ont une énergie positive — mon énergie — autour d'eux.

Je veux qu'ils voient que les règles de la mortalité, qu'ils suivent avec une telle docilité, sont un mensonge. J'aimerais qu'ils connaissent la vérité que le monde matériel tente de camoufler. Certaines des personnes, là-bas, sont des âmes spéciales. Ce sont des êtres incroyables. Je veux les aider. Elles sont prêtes pour la vérité.

Ma femme est une âme très spéciale. Elle est probablement plus évoluée que moi. Ce serait amusant de l'accompagner.

Je n'ai pas été équitable dans ma relation avec elle. Mes pensées, mes actions et mes croyances étaient toutes soumises à la mortalité. Ce qui l'a encouragée à faire de même. Je lui dois des excuses. Je serai là pour elle », déclara Muttu, « et pour ma fille et mon fils. Ils possèdent tous des âmes très spéciales », ajouta-t-il rapidement. « Et leurs âmes sont prêtes. »

Le silence dura.

« Je suis toujours troublé. Je ne sais pas quoi faire », avoua Tom. « Je vais rester et observer. J'ai besoin du silence et de l'espace. J'ai été trop perturbé pour voir la moindre vérité. »

« Je resterai aussi et aiderai », dit Paul, se joignant à eux. « Peut-être qu'en aidant les autres à voir la vérité, j'en saurai plus sur la mienne. »

« Je vais rester aussi », dirent Jim et Sarah à l'unisson. Ils étaient comme des âmes sœurs. Un seul le savait, attendant que l'autre le découvre.

« Et lorsque notre travail ici sera terminé, nous pourrons aller de l'avant », ajouta Paul.

« Vu l'état du monde, ça va prendre un sacré bout de temps ! » s'exclama Muttu.

« Je ne suis pas pressé. J'ai l'éternité à investir », vibra la présence de Paul, de plaisir.

« Et quand nous aurons fini, nous pourrons créer un autre monde où l'immortalité et la vérité seront les règles. Où aucun mensonge n'existera. Où nous n'aurons pas à oublier ni à vivre dans la peur d'une fin imaginaire. Où nous pourrons choisir et être libres de faire ce que nous voulons. » Sarah et Jim bâtissaient leur rêve sur une nouvelle réalité.

« Je pense que nous allons tous traîner un peu dans le coin... et aider », dit Jim, formulant avec force ce que tous exprimaient.

« Oui », un accord émergea du petit groupe d'âmes puissantes et évoluées qui étaient restées pour exprimer leur grandeur en aidant. Elles étaient restées pour savoir qui elles étaient et pourquoi elles étaient là, et maintenant qu'elles le savaient, elles voulaient faire connaître cette vérité aux autres.

* * *

« Qui est-ce ? » Jim capta une vibration misérable qui le fit se recroqueviller de douleur.

« C'est le commandant ! » Muttu reconnut son énergie, en déclin et détériorée.

« Où est-il ? » dit Paul qui essayait de le localiser.

Muttu élargit sa conscience à la recherche de la présence de Robert.

« Il est au fond de l'océan », déclara Muttu.

D'un élan commun, les esprits libres envahirent les profondeurs de l'océan à la recherche de cette âme troublée.

L'avion reposait maintenant au fond de l'océan. Les bulles dessinaient un chemin vers la surface. Des poissons étonnés se rapprochaient, se demandant s'il y avait de la nourriture. Des cadavres gravement mutilés flottaient dans l'eau qui s'était infiltrée dans l'avion, le coulant rapidement. Les plongeurs descendaient à la recherche de survivants.

« Le voici. » Muttu ouvrit le chemin vers le cockpit.

Le commandant Robert était décédé de la façon la plus douloureuse.

Tout d'abord, c'est le poison qui avait fait exploser ses vaisseaux sanguins. Ensuite, c'est l'impact qui avait brisé son corps. Enfin, c'est l'eau qui l'avait noyé. Les autres avaient eu une fin plus facile. Robert n'avait pas quitté son corps. Il s'y cachait toujours, abrité dans son cadavre terriblement abîmé. Les esprits libres avaient de la force et de l'énergie autour d'eux, alors que Robert n'en avait plus. Il semblait dégradé, une sorte de force en décomposition qui ne pouvait même pas sortir de sa dépouille.

« Sortez. Tout va bien », cria Muttu.

« Venez. C'est bon. » Jim et Paul entouraient l'espace qui contenait le corps de Robert. Cet esprit tordu portait la responsabilité de la destruction de tout un avion rempli de passagers. Pour le moment, ces âmes évoluées ne ressentaient aucune haine ni aucun mépris. Au lieu de cela, elles s'étaient rassemblées ici pour aider. C'était ce que faisaient les âmes évoluées. C'est ce que font les esprits libres : ils comprennent, ils aiment. Car leur compréhension et leur amour ne sont ni circonstanciels ni conditionnels ; c'est ce qu'ils sont.

Qu'y avait-il à détester ? Elles étaient ici en pleine forme, en pleine perception, en pleine puissance. Qu'avaient-elles perdu ? Un corps qui allait dépérir de toute façon. Quelle raison avaient-elles de se plaindre ?

Toutes les âmes étaient-elles aussi capables de pardon ? Toutes les âmes étaient-elles aussi évoluées ? Probablement pas. Cependant, quelques personnes partageant les mêmes idées s'étaient rassemblées pour partager un destin commun sur le vol SL502. Étaient-elles réunies par accident, ou leur destin était-il de trouver la liberté en commun ? C'étaient des âmes uniques, embrasées et conscientes. Elles avaient réussi à se retrouver, le vol n'était qu'une anecdote.

Et s'il s'agissait d'un groupe de personnes spéciales, Robert avait clairement joué un rôle crucial en les délivrant vers la libération de leurs destinées. Était-il le coupable ou était-il le médium ?

« Je suis un meurtrier. » Une force sombre émergea du cadavre de Robert.

« Le meurtrier est mort. Vous êtes libre », dit Muttu en se rapprochant.

« La vie matérielle est conçue comme un piège dans lequel la plupart des gens se font prendre. Vous ne le voyez pas ? Le monde matériel est conçu pour vous faire perdre. La folie est le rang le plus haut de cet échec. Vous avez été victime des mensonges. Vous avez été victime de l'injustice.

Vous avez fait ce que vous avez fait parce que vous avez cru à ces mensonges. Vous n'auriez pas pu faire justice, car la justice ne convient pas dans un monde conçu pour l'injustice. Vous avez été une victime comme nous tous, à des degrés divers. Vous avez fait du tort, comme nous en avons tous fait, à des degrés divers. » La compassion de Muttu s'étendait à travers l'océan, qui retenait en lui toutes ses créatures, y compris le nouvel arrivage d'âmes libérées.

« Je ne voulais tuer personne. Je n'ai jamais voulu faire de mal à personne. C'était un accident. S'il vous plaît, pardonnez-moi », émit la faible vibration de Robert. « J'ai fait du mal. »

« Qui n'a pas fait de mal ici ? Qui ici n'a pas blessé les autres, intentionnellement ? Qui ici n'a pas tué ? Même si c'était seulement tuer le rêve de quelqu'un, l'espoir de quelqu'un, son avenir, son amour, intentionnellement ou non ? Qui ici n'a pas péché ? Nous avons tous fait du mal. » Muttu avait parlé pour tout le monde.

« S'il vous plaît, pardonnez-moi », plaida Robert.

« Oh non », dit Muttu. « Si j'accepte vos excuses, je devrai faire des rondes pour l'éternité pour demander le pardon de tous ceux à qui j'ai fait du tort. Pardonnez-vous. Cela deviendra facile lorsque vous vous ouvrirez à la vérité. Le fait est que vous êtes venu ici avec de bonnes intentions mais que vous vous êtes égaré. C'est comme à Las Vegas ; peu importe à quel point vous êtes bon, le Casino gagne toujours. La maison ne contrôle plus notre jeu. Nous sommes ici pour vous aider à prendre conscience de la vérité sur ce que vous êtes vraiment, ce qui est loin de ce que vous prétendez être. »

Robert émergeait, maintenu par leur énergie qui l'aidait et le guérissait. Sa vibration était très différente de celle des autres. Il semblait rabougri et contrit.

Robert regarda avec consternation la conséquence de ses actions dans le monde physique. Qu'avait-il fait ? Les circonstances avaient pris le contrôle de sa raison et il s'était perdu.

Si seulement il avait vécu autrement. Qu'aurait-il pu faire différemment ?

D'une part, il aurait pu répondre à la haine par de l'amour. Il aurait pu guérir sa douleur en guérissant les autres. On lui avait fait du tort et ce n'était pas sa faute. Il aurait pu être un exemple du « droit chemin » par lequel il voulait que ceux qui lui avaient fait du tort repassent.

Il n'était pas obligé de blesser les autres parce qu'il souffrait. Il savait à quel point la douleur faisait mal. Il n'avait pas à l'infliger aux autres. En devenant victime du mal, il était devenu le mal. Il avait oublié qui il était. Prenant le parti de l'injustice et d'actes répréhensibles. C'était tellement idiot. Comment son intelligence s'était-elle ainsi déformée ?

Il avait été pris au piège du Maya, où la règle du jeu est de se venger. Dans le monde du Maya, la survie est le commandement ultime. Tout est juste dans ce jeu de survie, que ce soit bon ou mauvais. Robert était une autre victime du monde matériel.

Lorsque le mensonge devient la vérité, il n'y a ni remords ni regrets. Il n'y a qu'un être matériel sans conscience spirituelle. Cependant, en reconnaissant sa responsabilité et en croulant sous un fardeau de regrets, Robert était prêt pour la vérité. Ce n'est que lorsque nous pouvons regarder la vérité sur notre folie que nous pouvons voir la vérité sur notre grandeur. Le déni nous maintient dans le piège. Robert se réveillait; il était maintenant assez éloigné de la gloire du Maya pour pouvoir la voir sous sa véritable forme cruelle. Robert était prêt.

* * *

Les reporters de télévision s'étaient rassemblés à l'aéroport. Les feux rouges des ambulances et des voitures de police clignotaient tout le long de la côte. La nouvelle était retransmise en direct. Les caméras filmaient le site de l'accident et les plongeurs rapportaient la vidéo au sol. L'avion mutilé était maintenant suffisamment visible pour que les gens aient à nouveau peur de voler et de mourir. Les yeux des cadavres fixaient étrangement les lentilles des plongeurs. Tout était exploité par les médias affamés.

Trois cents vies avaient été perdues. Le crash faisait les gros titres de toutes les chaînes d'information du monde entier. Le mensonge était largement diffusé. Le matériau dont était faite la mortalité s'était renforcé, en maintenant les gens dans la peur de la fin.

La vérité restait obscure. La vérité restait camouflée. La vérité restait inconnue. La vérité restait oubliée. Le Maya opérait avec une joie sinistre.

Cependant, la vérité est que l'état inné de l'esprit ne peut être détruit. Ces âmes spéciales, comme beaucoup d'autres, avaient pour but d'invoquer la connaissance, le pouvoir et l'immortalité et de mettre fin à la folie du monde matériel. Elles ne partaient pas, car la vérité devait être restaurée. Elles ne partiraient pas avant d'avoir brisé le piège et réinitialisé le jeu de Maya, de la grande illusion vers la vérité.

« Retrouvons-nous bientôt pour partager, nous réjouir, renforcer le pouvoir et la bonté que nous défendons », suggéra Paul. « J'ai le sentiment que, même si ces âmes perdues sur la planète ont besoin de nous, nous aurons aussi besoin les uns des autres. »

La vague de joie qui éclata marquait un accord. Les âmes libres s'élancèrent, comme des feux d'artifice, pour remplir leur devoir de service et de soutien.

* * *

Mike rentrait chez lui avec une femme qu'il avait draguée au bar. Il arriva à son appartement et tourna la clé. Quelque chose piqua son cœur, quelque chose piqua son âme, quelque chose avait pris le contrôle. Il hésita, posa sa main sur sa poitrine et soupira. Il ouvrit la porte puis se retourna pour faire face à Laura.

« Laura... », dit-il en lui tenant la main, « ... tu es belle, tu sais, je te trouve très attirante. Mais j'ai une petite amie et je l'aime beaucoup. J'ai triché toute ma vie, et c'est une chose que je ne veux plus faire. J'ai l'impression d'être quelqu'un que je ne suis pas. Ce n'est pas moi. Je suis désolé », dit-il en lâchant sa main.

Laura le fixa, confuse. Il l'avait draguée, l'avait amenée à son appartement et lui refusait à présent la nuit qu'elle attendait avec impatience sous prétexte de morale.

« Qu'est-ce que tu es, une sorte de monstre ? » le maudit-elle, en colère. Elle lui montra son majeur et s'éloigna. C'était le rejet le plus difficile et le plus incompréhensible auquel elle ait été confrontée.

Mike entra dans le salon et sortit son téléphone de sa poche pour vérifier s'il y avait des messages. Il n'y en avait pas de Sarah.

« Je t'aime, Sarah. Je ne peux pas m'empêcher de t'aimer. »

Il tapa puis appuya sur *Envoyer*.

Il alluma la télé et se redressa brusquement lorsque des images de l'accident aérien apparurent soudain sur la chaîne qui diffusait les informations. « Dieu merci, ma chérie n'est pas dans ce vol. »

Mike avait raison, sa chérie n'était pas dans l'avion, elle était juste à côté de lui.

* * *

Jim était sur le terrain de jeu. Son équipe était nouvelle et jeune. Ils subissaient et s'en trouvaient menacés. Jim étendit son énergie de puissance et sa force et une vague de bien-être envahit ses amis.

Ils jouèrent comme des héros. Ils gagnèrent le match parce qu'ils devaient le gagner. Leur présence sur le terrain était si forte que personne ne vint les déranger après ça.

« Il semble que nous ayons eu beaucoup de chance », commenta Coby, le capitaine de l'équipe.

Jim se sentit fier de cette reconnaissance et resta dans les parages, maintenant la chance en place pour l'entière saison à venir.

* * *

Parvati géra plutôt bien l'annonce de la nouvelle.

« Nous avons le regret de vous annoncer que votre mari est mort. » Elle avait reçu un appel de la compagnie aérienne Skylines avant de voir les informations.

« Vous ne le connaissez pas », répondit-elle. « Il est dans mon avenir. Il est ici, maintenant. »

« La dame est dans le déni. Elle est sous le choc », déclara avec compassion le porteur de la nouvelle à ses collègues.

Parvati n'était pas dans le déni, elle n'était pas sous le choc. Comme Muttu l'avait dit, c'était une âme évoluée. Lors des funérailles de Muttu, elle porterait sa robe de mariée.

« Je vais t'épouser à nouveau, en esprit », dit-elle plus tard, en marchant autour de son lieu de crémation. « Je ne te laisserai pas partir sans moi. Tu es mon âme sœur. Attends-moi. »

* * *

Paul tint son ex-femme dans ses bras spirituels tout le temps qu'elle pleura, pendant des jours entiers après avoir entendu la nouvelle. Quand elle en eut fini avec la culpabilité, elle reprit son objectif et commença à travailler pour des œuvres caritatives. Elle offrit son amour à ceux qui en avaient le plus besoin.

Paul veilla à ce que son amour l'entoure toujours, car plus elle le sentait, plus elle donnait.

Il surveillait ceux qui avaient besoin d'aide. Il leur apportait l'espoir et le courage quand le monde qui les entourait le leur avait volé. Il traînait avec Muttu et en découvrait davantage sur lui-même. Muttu était une âme évoluée, une âme très puissante ; connaître Muttu lui rappelait constamment qui il était. C'est ce que font les amis : par leur seule présence, ils vous aident à grandir.

* * *

Robert parcourait la planète, patrouillant pour garder la bonté du côté des vainqueurs. Quand il sentait la folie, quand il sentait la rage, la haine, la déception, quand il sentait une présence négative, il arrivait et répandait son énergie de compassion, comme d'autres l'avaient fait pour lui.

Robert était le plus occupé de tous. Car le monde était infesté d'âmes troublées. Il passait du temps dans les meetings des gouvernements en veillant à la santé mentale des gouvernants. Il passait du temps dans des cellules carcérales, apportant les vibrations du courage. Il passait du temps à suivre la loi et ceux qui l'avaient violée, en contrôlant leur énergie.

Il revenait souvent dans le groupe qui l'encourageait et l'applaudissait le plus. Il reviendrait vers Muttu et lui livrerait sa part d'illumination. Robert faisait ce qu'il aurait souhaité que quelqu'un fasse pour lui : sauver son âme.

* * *

« Jim ! » La vibration de Sarah était clairement différente de ce qu'elle avait été. C'était une énergie qui s'était développée comme une force. C'était un être qui avait englobé la planète entière. Son âme était capable de diffuser un magnétisme qui s'infiltrait dans tout ce qu'elle touchait, matériel ou spirituel.

« Jim ! » cria Sarah à l'être qui avait parcouru l'univers entier à sa recherche, pour la libérer. « Je me souviens ! »